Experiencing
Chinese
Basic Course
Revised Edition
2

TIYAN HANYU
JICHU JIAOCHENG
XIUDINGBAN

# 体验汉语

## 基础教程 修订版2

主 编 姜丽萍

编 者 董 政

翻 译 高 晨

高等教育出版社·北京

**图书在版编目（CIP）数据**

体验汉语基础教程. 2 / 姜丽萍主编. -- 修订本
. -- 北京：高等教育出版社, 2020.6（2025.2重印）
ISBN 978-7-04-053732-1

Ⅰ . ①体… Ⅱ . ①姜… Ⅲ . ①汉语 - 对外汉语教学 -
教材 Ⅳ . ①H195.4

中国版本图书馆CIP数据核字（2020）第028507号

| 策划编辑 | 王　群 | 责任编辑 | 王　群　宫　雪 | 封面设计 | 姜　磊 | 版式设计 | 孙　伟 |
| 插图选配 | 宫　雪 | 责任校对 | 盛梦晗 | | 责任印制 | 高　峰 | |

| | | | |
|---|---|---|---|
| 出版发行 | 高等教育出版社 | 网　　址 | http://www.hep.edu.cn |
| 社　　址 | 北京市西城区德外大街 4 号 | | http://www.hep.com.cn |
| 邮政编码 | 100120 | 网上订购 | http://www.hepmall.com.cn |
| 印　　刷 | 固安县铭成印刷有限公司 | | http://www.hepmall.com |
| 开　　本 | 889mm×1194mm 1/16 | | http://www.hepmall.cn |
| 印　　张 | 8.75 | 版　　次 | 2006年7月第 1 版 |
| 字　　数 | 153千字 | | 2020年6月第 2 版 |
| 购书热线 | 010-58581118 | 印　　次 | 2025年2月第 3 次印刷 |
| 咨询电话 | 400-810-0598 | 定　　价 | 58.00 元 |

# 前言 Preface

2006年出版的《体验汉语基础教程》系列，与《体验汉语中级教程》系列和《体验汉语高级教程》系列形成了一套完整的国际汉语综合课教材体系。该套教材经过十几年的使用，已经产生了广泛的社会影响，形成了独特的品牌。本套教材是《体验汉语基础教程》系列的修订版。

此次修订在保留原有的经典内容的基础上，对教材体量、教学模块、练习设计等进行了优化，并配套了音频、视频等教学资源，力求打造出更加具有科学性、针对性、实用性的精品教材。

《体验汉语基础教程（修订版）》系列（以下简称"教程"）具有以下特点：

**1. 坚持以功能为纲，功能、结构相结合，兼顾文化。**（1）本"教程"不是以让学生学习系统的语言知识为目的，而是以满足学生最基本的学习和生活需求为目的。功能项目从最初的衣、食、住、行，到兴趣、爱好、情感等，逐渐转到学生的精神世界，活动场景也从学校逐渐延伸到校外、社会等，符合学生的认知需求和生活经验。（2）参照汉语水平考试（HSK）等通用汉语考试、教学大纲严格控制功能、话题、语言点、词汇等的难度。（3）"教程"在话题方面尽量融入中国文化和现当代中国人的生活内容，自然地呈现中国当代生活面貌。

**2. 坚持任务型教学理念。**（1）"教程"中尽量选取真实的图片，让学生具有身临其境的感受。（2）让学生在"做中学"。本"教程"通过合理安排教学内容设计出环环相扣的任务，让学生在完成真实任务中学习使用语言。（3）及时总结评估。每一课都设定了功能任务目标，使师生对该课"能做"什么非常清楚。课后设有总结与评估，前后呼应，使学生能真切地感受到进步，有助于增强其自信心，激发其进一步学习的动力。

**3. 内容上进行了更新和"瘦身"。**删减了过时的内容和重复的功能，增加了与时代发展相适应的主题和词汇。删减了机械性练习，增加了交际性和任务型练习，注重听、说、读、写的综合训练。参照汉语水平考试（HSK）考试题型设计练习册内容，注重培养学生的语言综合运用能力。

**4. 突出教学资源的支撑作用。**此次修订的最大亮点是把课文拍摄成了情景剧视频，以二维码形式将数字化资源融合在教材中，满足学生个性化、形象化的学习需求，情景剧可作为课文表演的范例，视频图片可作为教学活动素材，音频可作为听力练习材料等。这些数字化资源都可作为翻转课堂的内容，成为教学的组成部分。

感谢高等教育出版社王群副编审，她在修订的设计、视频的拍摄、教材结构的安排、编写理念的体现等多个方面全程参与，并提出富有建设性的建议，在此深表感谢！

愿本教材成为你步入汉语世界的向导，成为你了解中国的桥梁。

姜丽萍

2019 年 12 月

The *Experience Chinese Basic Courses* series (2006), with *Experience Chinese Intermediate Courses* series and *Experience Chinese Advanced Courses* series form a set of integrated Chinese textbooks series. After more than ten years of use, this set of textbooks has increased a wide range of social impact and become a unique brand. This version is the revised version of *Experience Chinese Basic Courses* series.

This revision bases on retaining the original content. Most aspects like the volume of teaching materials, teaching modules, exercise design are optimized. In addition, supporting audio, video and other teaching resources are also provided to create more scientific, targeted, practical textbooks.

The revised edition has the following characteristics:

**1. Adhere to the principle of function, combining function with structure, and take culture into account.** (1) The purpose of this "Course" is not to let students learn systematic language theories, but to solve the basic problems and needs in their life and learning. Functional items start with the initial food, clothing, housing, interest, hobbies, emotions and so on, and gradually move on to the students' spiritual world. Activity situations also extend from schools to society, reflecting students' cognitive needs and life experience. (2) We control the difficulty of "Function, Language Point, Vocabulary, Text Topic", according to Hanyu Shuiping Kaoshi (HSK) syllabus. (3) In terms of topics, the "Course" involves Chinese culture and the modern life of Chinese people, and naturally presents the contemporary China.

**2. Adhere to the concept of "task-based teaching".** Following characteristics are focused in this textbook: (1) We choose authentic photos, in order to creat a real scene for students to learn language. (2) Learning by doing, through completing a series of tasks, students can learn the language by doing things. (3) Make summary and assessment in time. Each lesson has set functional task objectives, so that teachers and students are very clear about what they should achieve in this lesson. After the lesson, they have a summary and evaluation to see if they have achieved their learning goals. In response, students can see or feel their progress, which helps to increase students' self-confidence and develop their motivation for further learning.

**3. The content has been updated and "slimmed down".** The obsolete contents and repetitive functional themes are deleted, and up-to date themes and vocabulary are added. Redundant drillings are deleted, while communicative and task-based exercises are newly introduced. The allocation of listening, speaking, reading and writing exercises is highlighted. Some types of questions are in accordance with those of HSK1–4, which emphasizes the cultivation of students' comprehensive language application.

**4. Highlight the supporting role of teaching resources.** The biggest highlight of this revision is that the text is filmed to sitcom videos, which can be used as models for teaching situational setting and text performance, video pictures can be used as illustrations and courseware, audio recordings can be used as listening practice, etc. The digital resources can be used as part of the teaching contents for flipped classrooms.

We are grateful to our publisher Higher Education Press and to our editor Wang Qun in particular for participating in the whole process, from the revised design, video shooting, to textbook structure arrangement and compilation concept, and for putting forward constructive suggestions. Thank you very much.

May this textbook serve as a guide for you to enter the Chinese world and a bridge for you to understand China.

Liping Jiang
December, 2019

《体验汉语基础教程（修订版）2》：

- **适用对象：** 掌握 100—200 个词语，能进行简单日常交流的初级汉语学习者。
- **主要内容：** 第 1—9 课正课（4—6 课时／课）和第 10 课测验（1—2 课时）。
- **正课框架：** 每课由学习目标、热身、词语、对话、语言点、句型操练、语音、拓展、实践任务、汉字、文化、总结与评估组成。
- **语言点与词汇容量：** 每课 2—4 个语言点，共 29 个语言点；每课 24—35 个生词，共 269 个（包括 2 个专有名词）。
- **配套资源：** 每课配有两段对话的情景剧视频、MP3 录音及在线字词卡等数字资源，可扫描二维码或登录魔方汉语网（www.morefunchinese.com）查看。本书还配有练习册。

*Experience Chinese Basic Course (Revised Edition)* ||:

- **Target user:** Beginner-level Chinese learners with 100–200 words and basic daily-life communication skills.
- **Main contents:** Learning lessons 1–9 (4–6 class hours/course) and Test Lesson 10 (1–2 class hours).
- **Framework:** Each lesson consists of "Objectives", "Warm-up", "New Words", "Dialogue", "Language Points", "Pattern Drills", "Phonetics", "Extension", "Real Task", "Chinese Characters", "Culture", "Summary and Assessment".
- **Language points and vocabulary:** 2–4 language points per lesson, 29 language points in total; 24–35 new words per lesson, 269 words (including 2 proper nouns) in total.
- **Resources:** Each lesson is paired with 2 melodrama videos, MP3 recordings, and online flash cards and these resources could be checked by the OR code or on the MorefunChinese website (www.morefunchinese.com). The book also has a companion workbook.

## 课文标题 Topic

贴近学生日常生活的常用话题句子，帮助学生掌握基本的交际语，满足学生的生活需要。

The topics are sentences closely related to students' daily life, which help students master basic communicative language and deal with real-life needs.

## 学习目标 Objectives

设定本课学习目标，帮助师生了解学习重点。教师可布置为课前预习任务，也可在课堂上与学生共同阅读。

Set the learning objectives of each lesson to help teachers and students understand the key points of learning. Teachers can assign pre-class tasks, or read with students in class.

## 热身 Warm-up

以提问的形式聚焦相关话题词汇，帮助学生熟悉话题，学习和复习词语，引导学生为本课学习做好准备。教师可让学生提前预习，也可在课上让学生进行简短介绍。

Focus on relevant topic words in the form of questions to help students familiarize themselves with the topic, learn and review words, and guide students to prepare for the course. Teachers can let students preview in advance, or in class ask students to give a brief introduction.

## 词语 New Words

展示需要掌握的生词，扫描二维码即可获取录音资源。

Present the new words students need to master, and scan the QR code to listen to the recording.

## 看视频，回答问题。Watch the video and answer the questions.

让学生带着问题看视频，理解课文大意。

Have students watch videos with questions and understand the meaning of the text.

## 听录音，跟读对话。Listen to and read after the recording.

学生听课文录音，朗读课文，掌握对话内容，帮助学生建立"音""意"联系。

Students listen and read the texts, and grasp the content of the dialogue, which help students establish "meaning" and "pronunciation" connections.

## 对话 Dialogue

扫描二维码即可观看情景剧视频。以学生最熟悉的学校生活为话题，展现真实场景对话。以完成任务形式，帮助学生在用中学。

Scan the QR code to watch the melodrama videos. It uses practical topics that students are most familiar with and show it in a real-life conversation scenario. It helps students to complete learning goals and apply in real life.

## 看图片，完成对话。Complete the dialogues according to the given pictures.

以图片形式呈现情景，让学生运用重要语法和句型完成对话，帮助学生实现从"知"到"用"的目标。

The situation is presented in the form of pictures, allowing students to use important grammar and sentence patterns to complete the dialogue in order to help students achieve the goal from "knowing" to "using".

## 语言点 Language Points

用简单、明了的语言解释对话中出现的语法重点和难点，每个语言点列举 2—3 个例句，带★号的为对话原句，帮助学生复习巩固所学知识点。

Explain the grammar and sentence patterns in the dialogue in simple and clear exponent. Each language point contains two or three examples. The sentence with ★ is the original sentence of the dialogue in order to help students to review and consolidate the knowledge.

## 句型操练 Pattern Drills

以句型格式呈现学生应学应会的交际句型，并配以图片练习巩固所学句型。

Sentences are presented in grammatical structures, and accompanied by pictures to consolidate the grammatical structures and sentences.

## 语音 Phonetics

比较相似的语音，完成从字词到句子的练习，帮助学生形成标准的语音发音。扫描二维码即可获取配套录音资源。

Compare similar pronunciation and complete exercises from words to sentences. It helps students form standard pronunciations. Scan the QR code to listen to the recording resources.

## 扩展 Extension

补充与本课话题相关的词语，帮助学生扩大词汇量，并以完成交际任务的形式让学生即学即用。

Complement words related to the topic of this lesson, help students to expand their vocabulary, and let students learn and use through completing communicative tasks.

## 实践任务 Real Task

让学生运用课堂所学，在实际生活中完成真实任务，提高其对语言的实际运用能力。

Let students apply the knowledge to complete real-life tasks and improve their practical use of language.

## 汉字 Chinese Characters

学习汉字笔画、偏旁及构字知识，帮助学生掌握常用汉字。

Learn Chinese strokes, radicals and character formation to help students master common Chinese characters.

## 文化 Culture

介绍中国文化知识，通过对比中外文化的相同点与不同点，帮助学生了解中国。

Introduce Chinese cultural knowledge and help students understand China by comparing the similarities and differences between Chinese culture and other cultures.

## 活动与扩展 Activities and Extension

基于本课所学内容，扩展语音、汉字知识，同时补充文化知识让学生在活动中运用语言。

This part is the extension of phonetics and Chinese characters to what students have learned in this lesson. A passage about Chinese culture is also supplemented. Students can develop their language skills further through the following activities.

## 总结与评估 Summary and Assessment

帮助学生总结所学知识，评估自己对本课内容的掌握程度，增强其学习成就感。

Help students sum up what they have learned, assess their mastery of the content of the lesson, and enhance their sense of accomplishment.

# 目录 Contents

| | | | |
|---|---|---|---|
| 课堂用语 Classroom Expressions | | | viii |
| 术语表 Glossary | | | viii |

| 课数 | 语言点 | 句型 | 页码 |
|---|---|---|---|
| **Lesson 1**<br>· **点菜 Ordering Meal** ·<br>我想吃包子。<br>**I want to eat some baozi.** | 1. 连动句<br>2. 选择问句"……还是……"<br>3. 动词、动词短语做定语<br>4. 能愿动词"会" | 1. 我去餐厅吃饭。<br>2. 你吃包子还是米饭?<br>3. 我要一碗米饭和一个带肉的菜。<br>4. 我不会用筷子。 | 1 |
| **Lesson 2**<br>· **去银行 Going to the Bank** ·<br>我换人民币。<br>**I want to exchange some RMB.** | 1. "把"字句(1)——把……给……<br>2. 动词重叠——等等、等一等、学习学习<br>3. 数字"百、千、万" | 1. 请把护照给我。<br>2. 这是一千三百四十元人民币,你数数。 | 13 |
| **Lesson 3**<br>· **租房 Renting an Apartment** ·<br>我想租一套带厨房的房子。<br>**I want to rent a house with a kitchen.** | 1. 反问句"不是……吗"<br>2. 动词 + 了<br>3. "有"表示存在<br>4. "是"表示存在 | 1. 留学生公寓不是很好吗?<br>2. 昨天我去看了一套房子。<br>3. 附近有超市吗?<br>4. 小区东边是一个公园。 | 25 |
| **Lesson 4**<br>· **生病 Getting Sick** ·<br>我有点儿不舒服。<br>**I am not feeling well.** | 1. "怎么(2)"问原因<br>2. 语气助词"了"<br>3. 离合动词<br>4. 主谓谓语句 | 1. 你怎么还不起床?<br>2. 昨天我去游泳了。<br>3. 你吃药了吗? | 37 |
| **Lesson 5**<br>· **理发 Getting a Haircut** ·<br>你想剪什么样的?<br>**What kind of style do you want?** | 1. A 跟 B 一样<br>2. 别……了 | 1. 你头发的颜色跟中国人一样。<br>2. 别开玩笑了。 | 49 |

| 课数 | 语言点 | 句型 | 页码 |
|------|--------|------|------|
| **Lesson 6**<br>• **谈学习** Talking About Learning •<br>你汉语说得很流利。<br>**You speak Chinese fluently.** | 1. 情态补语<br>2. 比较句<br>　"比"字句<br>　……不如……<br>3. 一边……，一边…… | 1. 你（说）汉语说得很流利。<br>2. 你的口语比我好多了。<br>3. 我的发音和声调都不如你。<br>4. 我总是一边想发音，一边说。 | 61 |
| **Lesson 7**<br>• **谈学习方法** Talking About Learning Methods •<br>你看见我的词典了没有?<br>**Have you seen my dictionary?** | 1. 结果补语<br>2. 就要……了<br>3. "把"字句（2） | 1. 你看见我的词典了没有?<br>2. 我念对了吗?<br>3. 咱们喜欢的节目马上就要开始了。<br>4. 请你把电视打开。 | 73 |
| **Lesson 8**<br>• **谈比赛** Talking About Game •<br>比赛还有半个小时才开始呢。<br>**The game won't start in half an hour.** | 1. 时量补语<br>2. 从……到……<br>3. "就"和"才" | 1. 你踢足球踢了多长时间了?<br>2. 我踢了好几年了。<br>3. 从我家到学校只用二十多分钟就能到。<br>4. 从我家到学校一个多小时才能到。 | 85 |
| **Lesson 9**<br>• **想家** Being Homesick •<br>我最近越来越想家了。<br>**Recently I miss home more and more.** | 1. 简单趋向补语（1）<br>2. 越来越……<br>3. 除了……以外，都／还…… | 1. 你等一下，我马上就下去。<br>2. 我们学的汉字越来越多，我经常忘。<br>3. 除了周末以外，我们每天都有课。 | 97 |
| **Lesson 10**<br>测验<br>**Test** | | | 109 |
| **Appendix I 附录一**<br>词语表 Vocabulary | | | 117 |
| **Appendix II 附录二**<br>文化译文 Translation of Culture | | | 123 |
| **Appendix III 附录三**<br>第 10 课测验听力文本与参考答案 Scripts and Answers of the lesson10 Test | | | 126 |

## 课堂用语
## Classroom Expressions

| | |
|---|---|
| 现在上课。 | It's time for class now. |
| 休息一下。 | Let's have a break now. |
| 请你读一遍。 | Read it please. |
| 请你回答。 | Answer the question please. |
| 下课。 | Class is over. |
| 请打开书，翻到第……页。 | Open your textbook, turn to page… |
| 请看黑板。 | Look at the blackboard please. |
| 很好! | Very good! |
| 请跟我读。 | Read after me please. |
| 合上书。 | Close the textbook. |
| 对! | That's correct! |
| 请大点儿声。 | Please read louder. |
| 再说一遍。 | Say once again. |
| 现在做练习。 | Let's do the exercises now. |
| 请安静! | Silent, please. |

## 术语表
## Glossary

| 简称<br>Abbreviation | 术语<br>The Term | | 拼音<br>Pinyin |
|:---:|:---:|:---:|:---:|
| S | subjective | 主语 | zhǔyǔ |
| V | verb | 动词 | dòngcí |
| O | objective | 宾语 | bīnyǔ |
| Num | number | 数词 | shùcí |
| M | measure word | 量词 | liàngcí |
| P | predicate | 谓语 | wèiyǔ |
| C | complement | 补语 | bǔyǔ |
| Adj | adjective | 形容词 | xíngróngcí |
| CD | complement of duration | 时量补语 | shí liàng bǔyǔ |

# Lesson 1

## 点菜 Ordering Meal

Wǒ xiǎng chī bāozi.
## 我 想 吃 包子。
### I want to eat some baozi.

**学习目标    Objectives**

1. 能够学会用有关用餐的日常交际用语在餐厅点菜。Be able to master commonly used expressions related to dining and order food in a restaurant.

2. 能够学会谈论自己和他人爱吃的饭菜。Be able to talk about favorite dishes of yours and others.

3. 能够向别人推荐喜欢的食物或请别人向自己推荐。Be able to recommend food to others and ask other people to recommend food.

4. 能够了解与中国人的饮食文化相关的文化知识。 Be able to understand the cultural knowledge of Chinese dietary habit.

**第一部分：点菜    Part I: Ordering Meal**

**热身 Warm-up**

**1.** 你常去餐厅吃饭吗？你喜欢吃什么？ Do you often eat at restaurants? What do you like to eat?

bāozi
包子
baozi

mántou
馒头
Chinese steamed buns

mǐfàn
米饭
rice

yúxiāng ròusī
鱼香 肉丝
fish flavored shredded pork

**2.** 你喜欢喝什么？ What do you like to drink?

niúnǎi
牛奶
milk

jīdàntāng
鸡蛋汤
egg drop soup

kělè
可乐
coke

kāfēi
咖啡
coffee

1

## 词语 New Words

听录音，跟读学习词语。Listen to and read after the recording to learn new words.

1-1

| 1 zhōngwǔ 中午 noon | 2 chī 吃 to eat | 3 cāntīng 餐厅 cafeteria | 4 bāozi 包子 baozi | 5 háishi 还是 or | 6 mǐfàn 米饭 rice | 7 wǎn 碗 bowl |
|---|---|---|---|---|---|---|
| 8 dài 带 with | 9 ròu 肉 meat | 10 cài 菜 vegetable | 11 hē 喝 to drink | 12 jīdàn 鸡蛋 egg | 13 tāng 汤 soup | 14 shīfu 师傅 waiter/waitress |

| 专有名词 | yúxiāng ròusī 鱼香 肉丝 fish flavored shredded pork |
|---|---|

## 对话 Dialogue

**1.** 看视频，回答问题。Watch the video and answer the questions.

1-2

① Kǎlún zhōngwǔ qù nǎr chīfàn? Āndélǔ ne?
卡伦 中午 去哪儿 吃饭？安德鲁 呢？

② Kǎlún chī bāozi háishi mǐfàn?
卡伦 吃 包子 还是 米饭？

③ Āndélǔ chī shénme?
安德鲁 吃 什么？

④ Kǎlún hē shénme?
卡伦 喝 什么？

⑤ Kǎlún hé Āndélǔ dōu yàole shénme?
卡伦 和 安德鲁 都 要了 什么？

**2.** 听录音，跟读对话。Listen to and read after the recording.

1-3

安德鲁和卡伦在教室聊天。Andrew is chatting with Karen in the classroom.

Āndélǔ: Zhōngwǔ nǐ qù nǎr chīfàn?
安德鲁： 中午 你 去 哪儿 吃饭？

Kǎlún: Wǒ qù cāntīng chīfàn. Nǐ ne?
卡伦： 我 去 餐厅 吃饭。你 呢？

Āndélǔ: Wǒ yě qù.
安德鲁： 我 也 去。

中午，安德鲁和卡伦在餐厅吃饭。At noon, Andrew and Karen are having lunch in the cafeteria.

Āndélǔ: Nǐ chī bāozi háishi mǐfàn?
安德鲁：你 吃 包子 还是 米饭？

Kǎlún: Wǒ xiǎng chī bāozi.　Nǐ ne?
卡伦：我 想 吃 包子。你 呢？

Āndélǔ: Wǒ yào yì wǎn mǐfàn hé yí ge dài ròu de cài.
安德鲁：我 要 一 碗 米饭 和 一 个 带 肉 的 菜。

Kǎlún: Shénme cài?
卡伦：什么 菜？

Āndélǔ: Yúxiāng ròusī ba.　Nǐ hē diǎnr shénme?
安德鲁：鱼香 肉丝 吧。你 喝 点儿 什么？

Kǎlún: Wǒ lái yì wǎn jīdàntāng.
卡伦：我 来 一 碗 鸡蛋汤。

Āndélǔ: Hái yào biéde ma?
安德鲁：还 要 别的 吗？

Kǎlún: Bú yào le.
卡伦：不 要 了。

Āndélǔ: Shīfu,　wǒmen yào liǎng ge bāozi,　yì wǎn mǐfàn,　yí ge yúxiāng
安德鲁：师傅，我们 要 两 个 包子、一 碗 米饭、一 个 鱼香
ròusī hé yì wǎn jīdàntāng.
肉丝 和 一 碗 鸡蛋汤。

3. 看图片，完成对话。Complete the dialogues according to the given pictures.

1
A：你喝点儿什么？
B：_____。
A：_____？
B：不要了。

2
A：二位吃点儿什么？
B：_____。
C：_____。

## 第二部分：学用筷子　Part II: Learning to Use Chopsticks

### 热身 Warm-up

给下面的词语选择对应的图片。Choose the correct picture for each given word.

A

B

C

D

| | |
|---|---|
| wǎnshang<br>1. 晚上 ____<br>evening | jiǎozi<br>3. 饺子 ____<br>dumplings |
| kuàizi<br>2. 筷子 ____<br>chopsticks | miàntiáo<br>4. 面条 ____<br>noodles |

### 词语 New Words

听录音，跟读学习词语。Listen to and read after the recording to learn new words.

1-4

| 1 jiǎozi<br>饺子<br>dumpling | 2 miàntiáo<br>面条<br>noodle | 3 jīngcháng<br>经常<br>often | 4 wèi shénme<br>为什么<br>why | 5 huì<br>会<br>can | 6 yòng<br>用<br>to use | 7 kuàizi<br>筷子<br>chopsticks |
|---|---|---|---|---|---|---|

| 8 a<br>啊<br>(a sentence-final particle of exclamation, interrogation, etc.) | 9 juéde<br>觉得<br>to feel, to think |
|---|---|

| 10 tài le<br>太……了<br>too | 11 nán<br>难<br>difficult | 12 jiāo<br>教<br>to teach | 13 wǎnshang<br>晚上<br>evening | 14 liǎ<br>俩<br>two |
|---|---|---|---|---|

### 对话 Dialogue

1-5

1. 看视频，回答问题。Watch the video and answer the questions.

① Kǎlún chī jiǎozi háishi miàntiáo?
卡伦 吃 饺子 还是 面条？

② Kǎlún wèi shénme jīngcháng chī bāozi?
卡伦 为 什么 经常 吃 包子？

③ Kǎlún wèi shénme bú huì yòng kuàizi?
卡伦 为 什么 不 会 用 筷子？

④ SūnYuè xiǎng jiāo Kǎlún zuò shénme?
孙 月 想 教 卡伦 做 什么？

⑤ SūnYuè zěnme jiāo Kǎlún yòng kuàizi?
孙 月 怎么 教 卡伦 用 筷子？

**2.** 听录音，跟读对话。 **Listen to and read after the recording.**

1-6

孙月和卡伦在饭馆吃饭。 Sun Yue and Karen are eating in a restaurant.

Sūn Yuè: Kǎlún, nǐ chī jiǎozi háishi miàntiáo?
孙 月： 卡伦，你 吃 饺子 还是 面条？

Kǎlún: Wǒ chī bāozi.
卡伦： 我 吃 包子。

Sūn Yuè: Nǐ jīngcháng chī bāozi, wèi shénme?
孙 月： 你 经常 吃 包子，为 什么？

Kǎlún: Wǒ bú huì yòng kuàizi.
卡伦： 我 不 会 用 筷子。

Sūn Yuè: Nǐ hái bú huì yòng kuàizi?
孙 月： 你 还 不 会 用 筷子？

Kǎlún: Shì a, wǒ juéde yòng kuàizi tài nán le.
卡伦： 是 啊，我 觉得 用 筷子 太 难 了。

Sūn Yuè: Méi guānxi. Wǒ jiāo nǐ.
孙 月： 没 关系。 我 教 你。

Kǎlún: Wǒ zěnme xué ne?
卡伦： 我 怎么 学 呢？

Sūn Yuè: Míngtiān wǎnshang wǒmen liǎ yìqǐ chī miàntiáo.
孙 月： 明天 晚上 我们 俩 一起 吃 面条。

Kǎlún: Tài hǎo le.
卡伦： 太 好 了。

**3.** 看图片，完成对话。 **Complete the dialogues according to the given pictures.**

A：你吃什么？
B：_____。
A：你经常吃_____，为什么？
B：_____。

A：你会用筷子吗？
B：_____。我觉得太难了。
A：没关系，_____。
B：我怎么学呢？
A：_____。

5

**语言点** | **Language Points**

> 学习下列语言点,并在"对话"中找到带★的句子。Learn the following language points and find the sentences with ★ in Dialogue.

**1.** **连动句。Sentences with serial verbal phrases.**

谓语由两个或两个以上动词(或动词短语)组成的句子叫连动句。表示动作行为目的的连动句,第一个动词常常用"来"或"去",后面加上处所宾语。格式为"S+来/去+处所+V+O"。有时第一个动词的宾语可以省略。Sentences which consist of two (or more) verbs (or verbal phrases) are called sentences with serial verbal phrases. In sentences with serial verbal phrases which express the purpose of the action, 来 or 去 is often used as the first verb followed by a location object. Sometimes, the first object can be omitted.

例 ① ★我去餐厅吃饭。　② 他去超市买笔记本。　③ 我来学习汉语。

**2.** **选择问句"……还是……"。Alternative questions "……还是……".**

在对话中,提问的人估计对方会给出两种或者两种以上答案时,会用选择问句"……还是……"提问。Alternative questions "……还是……" is used when two or more than two answers are expected.

例 ① ★你吃包子还是米饭?
② 你喜欢黑色的还是咖啡色的?
③ 你试这件还是那件?

**3.** **动词、动词短语做定语。Attributives of verbs or verbal phrases.**

动词、动词短语做定语时,定语和中心语之间一定要加"的"。When a verb or verbal phrase is used as the attributive, 的 must be used between the attributive and the noun it qualifies.

| 定语【V/(V+O)】 | 的 | 中心语 |
|---|---|---|
| ★带肉 | 的 | 菜 |
| 打折 | 的 | 鞋 |
| 属龙 | 的 | 人 |

**4.** 能愿动词"会"。Modal verb 会.

表示经过学习以后，具有做某事的能力。It indicates to have the ability to do something after learning.

例 ① 你**会**用筷子吗？    ② 我**会**用筷子。    ③ 我**会**说英语。

否定形式为"不会"，在"会"前加上"不"。The negative form is to add 不 before the modal verb 会.

例 ① ★我**不会**用筷子。    ② 他**不会**说汉语。

---

**句型操练**    **Pattern Drills**

朗读例句，再看图用句型造句。Read the sample sentences and make sentences with the pictures and sentence structures given.

**1** 我去餐厅吃饭。

S＋V1＋V2。

超市　香蕉　　北京　汉语　　试衣间　衣服

**2** 你吃包子**还是**米饭？

……**还是**……？

香蕉　苹果　　　　茶　咖啡

**3** **我要**一碗米饭和一个带肉的菜。

我要……

苹果　　　鱼香肉丝　　　面包

**4** 我**不会**用筷子。

S＋**不会**……

走路　　　　骑自行车

## 活动与扩展 Activities and Extension

### 语音 Phonetics

1. 听录音，跟读比较 z 和 zh。Listen to and read after the recording, compare the pronunciation between "z" and "zh".

1-7

① zì - zhì      ② zú - zhú      ③ zǎo - zhǎo      ④ zàn - zhàn

⑤ zěn - zhěn      ⑥ zuān - zhuān      ⑦ zōng - zhōng      ⑧ zǒng - zhǒng

Wǒ zài chī bāozi.
我 在 吃 包 子。
I am eating baozi.

Tā zài kàn bàozhǐ.
她 在 看 报 纸。
She is reading a newspaper.

2. 朗读句子。Read the sentences aloud.

1-8

① 中午你去哪儿吃饭？      ② 我去餐厅吃饭。

③ 你吃包子还是米饭？      ④ 我要一碗米饭和一个带肉的菜。

⑤ 你吃饺子还是面条？      ⑥ 我不会用筷子。

### 扩展 Extension

1. 听录音，看图学习关于餐具和菜名的词语。Listen to the recording and learn the words related to tableware and dishes from the pictures.

1-9

cānjù
**餐具**
tableware

sháozi
勺子
spoon

dāo
刀
knife

chāzi
叉（子）
fork

Zhōngguó cài
**中国 菜**
dishes

mápó dòufu
麻婆 豆腐
mapo tofu

gōngbǎo jīdīng
宫保 鸡丁
kung pao chicken

Běijīng kǎoyā
北京 烤鸭
Peking duck

**2.** 看图说一说这些是什么菜，再跟同学谈谈你喜欢吃的菜。Look at the pictures and name the following dishes. Share with the class the dishes that you like.

**3.** 看图说一说这些是什么餐具，再跟同学说说你常用什么餐具吃饭。Look at the pictures and name the following tableware. Share with the class what kind of tableware that you use to eat with.

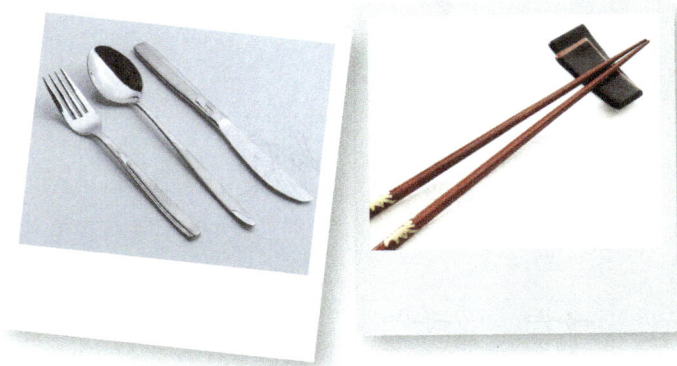

**实践任务 Real Task**

请你了解三位同学或朋友最喜欢吃的中国菜和主食，以及最喜欢喝的饮料，并将调查情况写在表格中，跟同伴说一说。Please interview three classmates or friends about their favorite Chinese dishes, staple food and beverages. Take notes in the chart below and share with the class.

| 名字 | 最喜欢吃的中国菜 | 最喜欢吃的主食 | 最喜欢喝的饮料 |
|---|---|---|---|
| 安德鲁 | 鱼香肉丝 | 米饭 | 可乐 |
|  |  |  |  |
|  |  |  |  |
|  |  |  |  |

## 汉字 Chinese Characters

**1.** 学习汉字笔画，摹写汉字。Learn the stroke and copy the Chinese character.

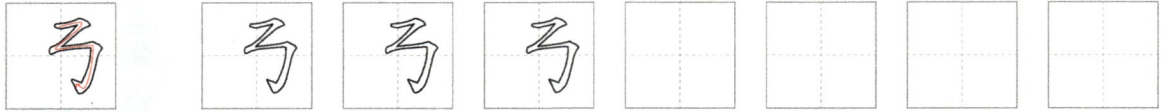

弓 弓 弓 弓

héng zhé zhé zhé gōu
横 折 折 折 钩

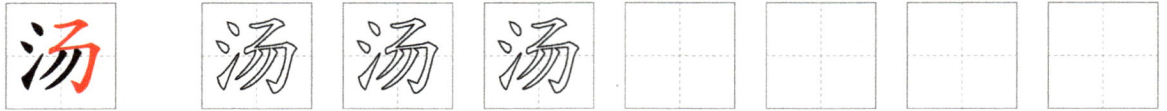

汤 汤 汤 汤

丶丶氵汚汤汤

**2.** 学习汉字偏旁，摹写汉字。Learn the radicals and copy the Chinese characters.

① 饣 饣 饣 饣

shí zì páng
食 字 旁

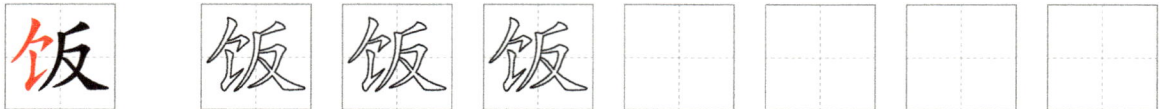

饭 饭 饭 饭

丿𠃌饣饣饣饭饭

② 艹 艹 艹 艹

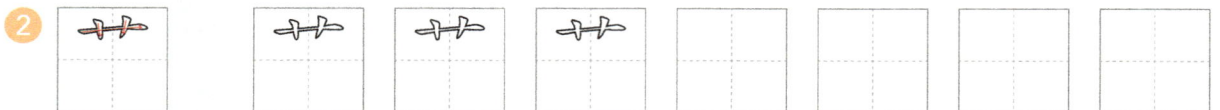

cǎo zì tóu
草 字 头

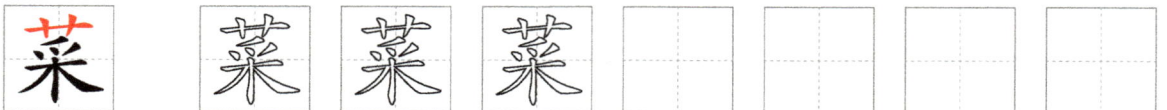

菜 菜 菜 菜

一十艹艹艹艹芯芑苹菜菜

③ 巾 巾 巾 巾

jīn zì dǐ
巾 字 底

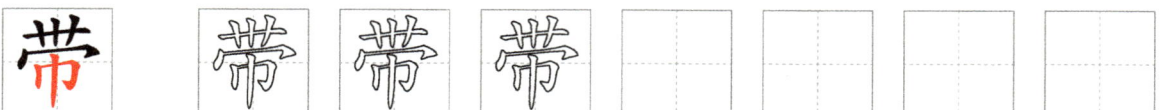

带 带 带 带

一十艹艹带带带带带

3. 根据给出的偏旁和部件连线组字。Match the given radicals and components to form the correct Chinese characters.

艹　　　　仓　　　　巾

反　　交　　采　　焦　　世　　尚

饭　带　饺　菜　蕉　常

文化 Culture

阅读短文，说说在你们的国家有没有跟中国类似的饮食习惯，比较一下两者之间的相同点和不同点。Read the following passage and share with the class whether your country has similar dietary habits as China. Compare and contrast the similarities and differences in dietary habits.

Zhōngguórén de yǐnshí xíguàn
中国人　的 饮食 习惯
**Chinese Dietary Habit**

Chinese traditional dietary habit is grain based. Main staple diet are grains, and supplemented with vegetables and small amount of meat. Hot food and cooked food are the main food. Chinese people prefer to dine together. Main dining utensil is chopsticks.

Chinese dietary habit differs from regions, which in short, is "south-rice" "north-noodle"; "south-sweet" "north-savory", and "east-sour" "west-spicy". "south-rice" "north-noodle" means southern Chinese prefer rice whereas northern Chinese prefers pastry, for example, noodle, steam bread and steam bun.

"South-sweet" "north-savory" and "east-sour" "west-spicy" means southern Chinese prefer sweet taste whereas northern Chinese like savory taste more. Eastern Chinese prefer sour taste whereas western Chinese like spicy taste.

## 总结与评估　　Summary and Assessment

利用下面的表格，总结并评价一下自己对本课内容的掌握程度。Use the table below to assess your learning of this lesson.

| 完成学习以后，现在我能……<br>After learning this lesson, I am able to ... | 很好<br>☆☆☆<br>Good | 一般<br>☆☆<br>Average | 不好<br>☆<br>Bad |
|---|---|---|---|
| 运用有关用餐的日常交际用语，在餐厅点菜<br>Use the conversational expressions to order food at a restaurant | | | |
| 谈论自己和他人爱吃的饭菜<br>Talk about favorite dishes of mine and others | | | |
| 约请朋友一起吃饭<br>Invite people to eat together | | | |
| 能够请别人或向别人推荐喜欢的食物<br>Ask other people for recommendation or recommend food that I like to others | | | |
| 掌握有关中国饮食文化的知识<br>Understand the cultural knowledge of Chinese dietary habit | | | |

### 总结 Summary

本课我记住的词语有 The words I've remembered are:

_____

本课我学会的句子有 The sentences I've learned are:

_____

我觉得还需要进一步掌握的是 I think that I need to improve:

_____

Wǒ huàn rénmínbì.
# 我 换 人民币。
## I want to exchange some RMB.

### 学习目标 Objectives

1. 能够认识人民币的元、角，并能数钱和记录。Be able to recognize yuan, jiao in RMB (renminbi), be able to count and record the amount of money.

2. 能够掌握跟换钱、取钱有关的常用词语。Be able to master vocabulary related to currency exchange and withdrawal.

3. 能够了解换钱、取钱的手续，并能在现实生活中应用。Be able to understand the process of currency exchange and withdrawal and apply in real life.

4. 能够认识其他国家的货币，询问并了解两种货币兑换的汇率。Be able to recognize currencies from other countries and ask about exchange rates between two currencies.

### 第一部分：换钱　Part I: To Exchange Currency

#### 热身 Warm-up

下面这些东西你都认识吗？去银行换钱时你需要带什么？Take a look at the items below, which items do you think that you need to bring with you? Think about what other items might be needed.

hùzhào
护照
passport

yínhángkǎ
银行卡
debit card

shǒujī
手机
cellphone

## 词语 New Words

听录音，跟读学习词语。Listen to and read after the recording to learn new words.

2-1

| 1 | huàn 换 to exchange | 2 | rénmínbì 人民币 RMB | 3 | měiyuán 美元 US dollar | 4 | huìlǜ 汇率 exchange rate |

| 5 | yuán 元 Chinese yuan | 6 | bǎ 把 structure (see grammar) | 7 | hùzhào 护照 passport | 8 | qiānzì 签字 to sign |

| 9 | qiān 千 thousand | 10 | shǔ 数 to count | 11 | děng 等 to wait | 12 | yíxià 一下 in a short while |

## 对话 Dialogue

**1.** 看视频，回答问题。Watch the video and answer the questions.

2-2

Kǎlún qù yínháng zuò shénme?
① 卡伦 去 银行 做 什么？

Kǎlún xiǎng huàn duōshao rénmínbì?
② 卡伦 想 换 多少 人民币？

Jīntiān de huìlǜ shì duōshao?
③ 今天 的 汇率 是 多少？

Kǎlún huàn le duōshao rénmínbì?
④ 卡伦 换 了 多少 人民币？

Kǎlún wàng le shénme?
⑤ 卡伦 忘 了 什么？

**2.** 听录音，跟读对话。Listen to and read after the recording.

2-3

卡伦在银行换钱。Karen is exchanging money in the bank.

Kǎlún: Nǐ hǎo! Wǒ xiǎng huàn rénmínbì.
卡伦： 你 好！ 我 想 换 人民币。

zhíyuán: Nín huàn duōshao?
职员： 您 换 多少？

Kǎlún: Wǒ huàn èrbǎi měiyuán. Jīntiān de huìlǜ shì duōshao?
卡伦： 我 换 二百 美元。 今天 的 汇率 是 多少？

zhíyuán: Yìbǎi měiyuán huàn liùbǎiqīshí yuán rénmínbì. Qǐng bǎ hùzhào gěi wǒ.
职员： 100 美元 换 670 元 人民币。 请 把 护照 给 我。

Kǎlún: Gěi nín.
卡伦： 给 您。

zhíyuán: Qǐng qiānzì.
职员： 请 签字。

Kǎlún: Zài nǎr qiān?
卡伦： 在 哪儿 签？

zhíyuán: Zài zhèr.
职员： 在 这儿。

Kǎlún: Hǎo.
卡伦： 好。

zhíyuán: Zhè shì yīqiānsānbǎisìshí yuán rénmínbì. Nín shǔshu.
职员： 这 是 一千三百四十 元 人民币。 您 数数。

Kǎlún: Duì le. Xièxie! Zàijiàn!
卡伦： 对 了。谢谢！ 再见！

zhíyuán: Děng yíxià, nín de hùzhào!
职员： 等 一下，您 的 护照！

**3.** 看图片，完成对话。**Complete the dialogues according to the given pictures.**

1
A：我想_____
B：_____？

2
A：今天的汇率____
____？
B：_____。

3
A：请把_____。
B：_____。

4
A：这是_____。
您数数。
B：_____。

去银行 Going to the Bank

第二部分：取钱　Part II: Currency Withdrawal

## 热身 Warm-up

给下面的词语选择对应的图片。Choose the correct picture for each given word.

A 中国工商银行
INDUSTRIAL AND COMMERCIAL BANK OF CHINA

B

C 5000

D

1. rìyuán
日元 ＿＿＿
Japanese yen

3. mìmǎ
密码 ＿＿＿
password

2. zìdòng qǔkuǎnjī
自动 取款机 ＿＿＿
ATM machine

4. yínháng
银行 ＿＿＿
bank

## 词语 New Words

听录音，跟读学习词语。Listen to and read after the recording to learn new words.

2-4

| 1 xiānsheng 先生 Sir, Mr. | 2 qǔ 取 to withdraw | 3 bànlǐ 办理 to receive the service | 4 yínháng 银行 bank | 5 kǎ 卡 card | 6 zìdòng qǔkuǎnjī 自动 取款机 ATM machine |
|---|---|---|---|---|---|
| 7 rìyuán 日元 Japanese yen | 8 guìtái 柜台 counter | 9 wàn 万 ten thousand | 10 shūrù 输入 to input | 11 mìmǎ 密码 password | 12 hǎole 好了 it is done |

## 对话 Dialogue

1. 看视频，回答问题。Watch the video and answer the questions.

2-5

① Huìměi qù yínháng zuò shénme?
惠美 去 银行 做 什么？

② Huìměi dài yínhángkǎ le ma?
惠美 带 银行卡 了 吗？

③ Huìměi yào qǔ rénmínbì ma?
惠美 要 取 人民币 吗？

⑤ Huìměi yào qù nǎr bànlǐ?
惠美 要 去 哪儿 办理？

④ Huìměi kěyǐ zài zìdòng qǔkuǎnjī qǔ rìyuán ma?
惠美 可以 在 自动 取款机 取 日元 吗？

2. 听录音，跟读对话。Listen to and read after the recording.

2-6

惠美在银行取钱。Emi is withdrawing money in the bank.

Huìměi: Xiānsheng, wǒ yào qǔ qián, qǐng wèn zài nǎr bànlǐ?
惠美： 先生， 我 要 取钱， 请 问 在 哪儿 办理？

zhíyuán yī: Dài yínhángkǎ le ma?
职员 1： 带 银行卡 了吗？

Huìměi: Dàile.
惠美： 带了。

zhíyuán yī: Kěyǐ zài zìdòng qǔkuǎnjī qǔ.
职员 1： 可以在 自动 取款机 取。

Huìměi: Wǒ yào qǔ rìyuán.
惠美： 我 要 取 日元。

zhíyuán yī: Nà yào qù guìtái bànlǐ.
职员 1： 那 要 去 柜台 办理。

Huìměi: Nín hǎo! Wǒ xiǎng qǔ liǎngwàn rìyuán, gěi nín yínhángkǎ.
惠美： 您 好！ 我 想 取 两万 日元，给 您 银行卡。

zhíyuán èr: Hǎode. Qǐng shūrù mìmǎ.
职员 2： 好的。 请 输入 密码。

Huìměi: Hǎole.
惠美： 好了。

zhíyuán èr: Qǐng qiānzì. Zhè shì liǎngwàn rìyuán.
职员 2： 请 签字。 这 是 两万 日元。

**3.** 看图片，完成对话。 **Complete the dialogues according to the given pictures.**

A：您好！我要
取钱。请问
_____？
B：_____？
A：带了。
B：可以在_____。
A：我要取_____。
B：那要去_____。

A：您好！我要取_____，给您
_____。
B：好的。请输入_____。
A：好了。
B：请_____。这是_____。
您数数。

## 🧷 语言点　　**Language Points**

> 学习下列语言点，并在"对话"中找到带★的句子。Learn the following language points and find the sentences with ★ in Dialogue.

**1.** "把"字句（1）——把……给…… The 把 construction I——把…给…

介词"把"及其宾语作句中状语的句子叫"把"字句。"S＋把＋O1＋给＋O2"表示对确定的人或物（即"把"的宾语）实施相应的动作，从而使关系发生变化。The 把 construction is one in which the preposition 把 and its object function together as an adverbial modifier. The "S＋把＋O1＋给＋O2" construction is used to show the act done upon someone or something of definite reference (the object of 把) and to indicate the result of the act, to make the object transposed or change its state.

例 ① ★请把护照给我。　　② 请把橡皮给我。　　③ 我把笔记本给老师了。

"把"字句的否定形式是"S＋没＋把＋O1＋给＋O2"。"没"要放在"把"的前面，句尾不能加"了"。The negative form of the 把 construction is: "S＋没＋把＋O1＋给＋O2". 没 needs to be put in front of 把, it doesn't have a 了 at the end of the sentence.

例 ① 他没把护照给我。
　　② 我没把橡皮给他。
　　③ 我没把笔记本给老师。

**2.** 动词重叠。**Reduplication of the verb.**

动词重叠表示时间短、尝试、轻微等意义，多用于口语。说话语气比较轻松、随便。Reduplication of the verb expresses a short duration for that action, the idea of giving something a try, or slightness of the action. It is usually used in the spoken language, and the speaker's tone is relaxed and casual.

单音节动词重叠形式为：A → AA 或 A—A。The reduplicated form for monosyllabic verbs is "A → AA" or "A—A".

例 AA：试试，看看，数数
　　A—A：试一试，看一看，数一数

双音节动词重叠形式为：AB → ABAB. The reduplicated form for disyllabic verbs: AB → ABAB.

例 ABAB：认识认识

3. 数字"百、千、万"。Numbers "hundred, thousand, ten thousand".

| 数字 | 汉字 | 拼音 |
|---|---|---|
| 200 | 二百／两百 | èrbǎi/liǎngbǎi |
| 2,000 | 两千 | liǎngqiān |
| 2,008 | 两千零八 | liǎngqiān líng bā |
| 6,015 | 六千零一十五 | liùqiān líng yīshíwǔ |
| 7,500 | 七千五（百） | qīqiān wǔ(bǎi) |
| 20,000 | 两万 | liǎngwàn |
| 25,000 | 两万五（千） | liǎngwàn wǔ(qiān) |
| 37,860 | 三万七千八百六（十） | sānwàn qīqiān bābǎi liù(shí) |

句型操练　**Pattern Drills**

朗读例句，再看图用句型造句。Read the sample sentences and make sentences with the pictures and sentence structures given.

① 请把护照给我。

请把……给我。

衣服　　手机　　铅笔

② 这是一千三百四十元人民币，你数数。

这是……，你数数。

10000 元　　500 元　　2222 元

19

### 活动与扩展 Activities and Extension

#### 语音 Phonetics

**1.** 听录音，跟读比较 c 和 ch。 Listen to and read after the recording, compare the pronunciation between "c" and "ch".

2-7

1 cí - chí　　2 cū - chū　　3 cǎn - chǎn　　4 cāo - chāo

5 cái - chái　　6 cūn - chūn　　7 cóng - chóng　　8 cuān - chuān

Zhè shì shàngděng de mùcái.
这 是 上等 的 木材。
These are prime woods.

Bù néng dāng mùchái.
不 能 当 木柴。
They can't be used as firewood.

**2.** 朗读句子。 Read the sentences aloud.

2-8

1 先生，我想换人民币。　　2 我换二百美元。

3 今天的汇率是多少？　　4 请把护照给我。

5 请在这儿签字。　　6 这是一千三百四十元人民币。您数数。

#### 扩展 Extension

**1.** 听录音，看图学习关于外币的词语。 Listen to the recording and learn the words related to foreign currencies from the pictures.

2-9

wàibì
**外币**
foreign currency

ōuyuán
欧元
euro

yīngbàng
英镑
pound

Jiānádàyuán
加拿大元
Canadian dollar

hányuán
韩元
Korean won

lúbù
卢布
Russian rub

tàizhū
泰铢
Thai baht

**2.** 看图说一说在你的国家你使用哪种货币，跟中国的人民币之间的汇率是多少。Look at the pictures and share with the class which currency your country uses and its exchange rate to RMB.

**实践任务 Real Task**

请你了解三位同学或朋友他们国家的钱币以及与人民币的汇率，并将调查情况写在表格中，跟同伴说一说。Please interview three classmates or friends about their country's currencies and its exchange rate to Chinese currency. Take notes in the chart below and share with the class.

| 外币<br>foreign currency | 买入<br>to buy | 卖出<br>to sell |
|---|---|---|
| 100 美元 | 700.62 元 | 709.36 元 |
| 100 英镑 | 853.3 元 | 891.07 元 |
| 100 日元 | 6.336 元 | 6.5974 元 |
| 100 韩元 | 0.5543 元 | 0.6003 元 |
| 100 泰铢 | 20.87 元 | 22.39 元 |

| 名字 | 货币 | 汇率 |
|---|---|---|
| 卡伦 | 美元 | 100 美元换　　元人民币 |
|  |  |  |
|  |  |  |
|  |  |  |

## 汉字 Chinese Characters

1. 学习汉字偏旁，摹写汉字。Learn the radicals and copy the Chinese characters.

① 彳 彳 彳 彳

shuāngrén páng
双人旁

行 行 行 行

丿 彡 彳 彳 彳 行

② ⺮ ⺮ ⺮ ⺮

zhú zì tóu
竹字头

等 等 等 等

丿 𠂉 𠂉 𠂉 𥫗 𥫗 竺 竺 笙 笙 等 等

签 签 签 签

丿 𠂉 𠂉 𠂉 𥫗 𥫗 笁 笁 筌 筌 筌 签 签

③ 石 石 石 石

shí zì páng
石字旁

码 码 码 码

一 丆 丆 石 石 石 码 码

**2.** 根据给出的偏旁和部件连线组字。Match the given radicals and components to form the correct Chinese characters.

彳　　竹　　石

艮　尋　丁　寺　金　快　马　宛

很　等　行　碗　签　得　码　筷

阅读短文，说说你们国家有没有跟中国类似的移动银行，比较一下两者之间的相同点和不同点。Read the following passage and share with the class whether there are any banks that are similar to Chinese mobile banking in your country. Compare and contrast the similarities and differences.

yínháng de zhínéng
## 银行 的 职能
### Functions of Banks

In China, some counters in the bank can't exchange foreign currency. In general, only some counters are designated for foreign currency exchange. If your credit card has been lost, you need to report it as soon as possible. When reporting a lost card, you need to pay the fee and fill in the re-application form. Normally it will take a week to have the new card ready for picking up with your passport. Nowadays, many ATM machines can check the remaining balance, withdraw, auto transfer and pay for bills.
For example: gas bill, water bill, electricity bill and phone bill. Additionally, ATMs also provide 24 hours service.

Nowadays people use Mobile Banking Service so transactions can be made at any time and at any place. It saves time waiting at the ATM machine and bank counter. It is very convenient.

## 总结与评估　Summary and Assessment

利用下面的表格，总结并评价一下自己对本课内容的掌握程度。Use the table below to assess your learning of this lesson.

| 完成学习以后，现在我能……<br>After completing this lesson , I am able to ... | 很好<br>☆☆☆<br>Good | 一般<br>☆☆<br>Average | 不好<br>☆<br>Bad |
|---|---|---|---|
| 认识人民币的元、角<br>Recognize Chinese yuan and jiao | | | |
| 数钱并记录人民币<br>Count and record the amount of money | | | |
| 掌握跟换钱有关的常用词语，并能够在日常生活中应用<br>Master vocabulary related to currency exchange and apply them in daily life | | | |
| 了解换钱的手续<br>Understand the process of currency exchange | | | |
| 掌握跟取钱有关的常用词语，并能够在日常生活中应用<br>Master vocabulary related to withdrawing money and apply them in daily life | | | |
| 了解取钱的手续<br>Understand the process of withdrawing money | | | |
| 能够询问了解不同货币之间的汇率<br>Ask about the exchange rate between different currencies | | | |

### 总结 Summary

本课我记住的词语有 The words I've remembered are:

_____

本课我学会的句子有 The sentences I've learned are:

_____

我觉得还需要进一步掌握的是 I think that I need to improve:

_____

Wǒ xiǎng zū yí tào dài chúfáng de fángzi.
# 我想租一套带厨房的房子。
## I want to rent a house with a kitchen.

### 学习目标 Objectives

1. 能够掌握表示不同功能房间的词语。Be able to master vocabulary about different rooms.
2. 能够掌握有关家用电器名称的词语。Be able to master vocabulary about different home appliances.
3. 能够学会用表示方位的词语描述物品的位置。Be able to describe locations of objects using location words.
4. 能够描述自己住的房子或公寓的基本情况。Be able to describe the house or apartment you live in.

### 第一部分：租房 1　　Part I: Renting an Apartment 1

#### 热身 Warm-up

1. 你认为一套房子里应该有哪些房间？你会在这些房间里做什么？In your opinion, what kind of rooms should a house have? What do you do in these rooms?

| kètīng 客厅 living room | wòshì 卧室 bedroom | chúfáng 厨房 kitchen | wèishēngjiān 卫生间 bathroom |

2. 你住的房子或公寓里有哪些家用电器？What kind of home appliance does your house or apartment have?

| diànshì 电视 television | kōngtiáo 空调 air-conditioner | bīngxiāng 冰箱 refrigerator | xǐyījī 洗衣机 washing machine |

25

租房 Renting an Apartment

## 词语 New Words

听录音，跟读学习词语。Listen to and read after the recording to learn new words.

3-1

| 1 fùjìn 附近 nearby | 2 zū 租 to rent | 3 tào 套 (measure word for apartment) | 4 fángzi 房子 house | 5 chúfáng 厨房 kitchen |

| 6 zìjǐ 自己 oneself | 7 xué 学 to learn, to study | 8 shénmeyàng 什么样 what kind of | 9 wòshì shì 卧室（室）bedroom |

| 10 kètīng tīng 客厅（厅）living room | 11 wèishēngjiān wèi 卫生间（卫）bathroom | 12 kōngtiáo 空调 air-conditioner |

| 13 diànshì 电视 television | 14 bīngxiāng 冰箱 refrigerator | 15 xǐyījī 洗衣机 washing machine |

## 对话 Dialogue

1. 看视频，回答问题。Watch the video and answer the questions.

3-2

① Mǎkè xiǎng zuò shénme?
马克 想 做 什么？

② Kǎlún juéde liúxuéshēng gōngyù hǎo bu hǎo?
卡伦 觉得 留学生 公寓 好 不 好？

③ Mǎkè xiǎng zū shénmeyàng de fángzi?
马克 想 租 什么样 的 房子？

④ Shénme shì yí shì yì tīng yí wèi?
什么 是 一室 一 厅 一 卫？

⑤ Mǎkè zū de fángzi lǐ yǒu shénme?
马克 租 的 房子 里 有 什么？

2. 听录音，跟读对话。Listen to and read after the recording.

3-3

马克和卡伦谈租房子的事情。Mark and Karen are talking about renting a house.

Mǎkè: Wǒ xiǎng zài xuéxiào fùjìn zū yí tào fángzi.
马克： 我 想 在 学校 附近 租 一 套 房子。

Kǎlún Wèi shénme? Liúxuéshēng gōngyù bú shì hěn hǎo ma?
卡伦： 为 什么？ 留学生 公寓 不 是 很 好 吗？

26

Mǎkè: Wǒ xiǎng zū yí tào dài chúfáng de fángzi.
马克: 我 想 租一套带 厨房 的 房子。

Kǎlún Nǐ zìjǐ zuòfàn?
卡伦: 你 自己 做饭？

Mǎkè: Duì, wǒ xiǎng xué zuò Zhōngguó cài.
马克: 对，我 想 学 做 中国 菜。

Kǎlún Nǐ yào zū shénmeyàng de?
卡伦: 你 要 租 什么样 的？

Mǎkè: Yí shì yì tīng yí wèi.
马克: 一室 一 厅 一 卫。

Kǎlún Shénme shì yí shì yì tīng yí wèi?
卡伦: 什么 是一室 一 厅 一 卫？

Mǎkè: Yí ge wòshì, yí ge kètīng, yí ge wèishēngjiān.
马克: 一个 卧室、 一个 客厅、 一个 卫生间。

Kǎlún Yǒu jiājù ma?
卡伦: 有 家具 吗？

Mǎkè: Yǒu, háiyǒu kōngtiáo, diànshì, bīngxiāng, xǐyījī.
马克: 有， 还有 空调、 电视、 冰箱、 洗衣机。

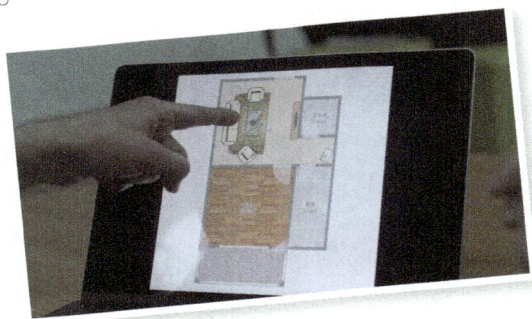

**3.** 看图片，完成对话。Complete the dialogues according to the given pictures.

① A：我想____
____。
B：____。

② A：你为什么想
租房子？
B：_____。

③ A：你想自己做
饭吗？
B：对，____
____。

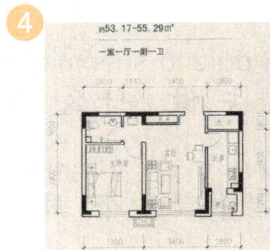

④ A：你想租一
套什么样
的房子？
B：_____。

## 第二部分：租房 2　　　　Part II: Renting an Apartment 2

### 热身 Warm-up

给下面的词语选择对应的图片。Choose the correct picture for each given word.

A
B
C
D

| | | | | |
|---|---|---|---|---|
| 1. | kǎolǜ 考虑 ＿＿ to consider | | 3. | tǐyùguǎn 体育馆 ＿＿ gym |
| 2. | gōngyuán 公园 ＿＿ park | | 4. | xiǎoqū 小区 ＿＿ community |

### 词语 New Words

听录音，跟读学习词语。Listen to and read after the recording to learn new words.

3-4

| 1 zuótiān 昨天 yesterday | 2 kàn 看 to look | 3 zěnmeyàng 怎么样 how | 4 fángzū 房租 rent |
|---|---|---|---|
| 5 guì 贵 expensive | 6 xiǎoqū 小区 community | 7 huánjìng 环境 environment | 8 dōngbian 东边 east side | 9 gōngyuán 公园 park |
| 10 nánbian 南边 south side | 11 tǐyùguǎn 体育馆 gym | 12 lǐbian 里边 inside | 13 pángbiān 旁边 next to | 14 kǎolǜ 考虑 to consider |

### 对话 Dialogue

1. 看视频，回答问题。Watch the video and answer the questions.

3-5

Zuótiān Mǎkè qù zuò shénme le?
① 昨天 马克 去 做 什么 了？

Fángzū guì bu guì? Yí ge yuè duōshao qián?
② 房租 贵 不 贵？一个 月 多少 钱？

Xiǎoqū huánjìng zěnmeyàng?
③ 小区 环境 怎么样？

Xiǎoqū fùjìn yǒu chāoshì ma? Zài nǎr?
④ 小区 附近有 超市 吗？在 哪儿？

Mǎkè xiǎng zū nà tào fángzi ma?
⑤ 马克 想 租那套 房子 吗？

**2.** 听录音，跟读对话。Listen to and read after the recording.

3-6

马克和卡伦谈租房子的事情。Mark and Karen are talking about renting a house.

Mǎkè: Zuótiān wǒ qù kàn le yí tào fángzi.
马克：昨天 我 去 看 了 一 套 房子。

Kǎlún: Zěnmeyàng?
卡伦：怎么样？

Mǎkè: Fángzū yǒudiǎnr guì. Yí ge yuè sìqiānwǔ.
马克：房租 有点儿 贵。一 个 月 四千五。

Kǎlún: Xiǎoqū huánjìng zěnmeyàng?
卡伦：小区 环境 怎么样？

Mǎkè: Huánjìng hái kěyǐ. Xiǎoqū dōngbian shì yí ge gōngyuán, nánbian yǒu yí
马克：环境 还 可以。小区 东边 是 一 个 公园， 南边 有 一

ge tǐyùguǎn, xiǎoqū lǐbian háiyǒu yínháng.
个 体育馆，小区 里边 还有 银行。

Kǎlún: Fùjìn yǒu chāoshì ma?
卡伦：附近 有 超市 吗？

Mǎkè: Yínháng pángbiān yǒu yí ge dà chāoshì.
马克：银行 旁边 有 一 个 大 超市。

Kǎlún: Nǐ xiǎng zū ma?
卡伦：你 想 租 吗？

Mǎkè: Wǒ kǎolǜ kǎolǜ.
马克：我 考虑 考虑。

**3.** 看图片，完成对话。Complete the dialogues according to the given pictures.

A：昨天我去看了_____。

B：_____？

A：房租_____。

B：你想_____？

A：我_____。

B：小区环境_____？

A：_____。

B：附近有_____吗？

A：_____。

29

📌 **语言点**　　**Language Points**

> 学习下列语言点，并在"对话"中找到带★的句子。Learn the following language points and find the sentences with ★ in Dialogue.

**1.** 反问句"不是……吗？"。The rhetorical question "不是……吗？".

"不是……吗？"强调肯定，不需要回答。The rhetorical question "不是……吗?" emphasizes an affirmative tone, therefore no reply is required.

例 ① ★留学生宿舍不是很好吗？　② 你不是想租房子吗？
③ 马克不是要去超市吗？

**2.** 动词＋了。Verb＋了.

"动词＋了"表示动作的完成。正反疑问句形式为"动词＋了没有？"。否定形式为"没＋动词"，"了"要去掉。Verbs are used with the aspectual marker 了 to indicate the completion of an act. The affirmative-negative question form is "Verb＋了没有?". The negative form is "没＋Verb", and 了 is no longer used.

例 ① 你吃了吗？／你吃了没有？　② 我吃了。　③ 我没吃。

"动词＋了"后边加宾语时，宾语前边要有数量词或者其他词语作定语。If "Verb＋了" is followed by an object, a numeral-measure compound or other word is required before the object as its attribute.

例 ① ★昨天我去看了一套房子。　② 我换了一件衣服。
③ 他喝了一瓶可乐。

**3.** "有"表示存在。Expression of existence "有".

表示某处存在某人或者某物。To indicate that a certain thing or person exists in a certain place.
句型格式为"处所词＋有＋数词＋量词＋地点"。The structure is "Location word＋有＋Num＋M＋O".

例 ① ★（小区）南边有一个体育馆。　② ★小区里边还有银行。
③ ★银行旁边有一个大超市。

否定形式把"有"变成"没有"，宾语前面一般没有数量词。句型格式为"处所词＋没有＋O"。The negative form needs to change 有 into 没有. Normally it doesn't take numeral-measure phrase before the object. The sentence structure is "Location word＋没有＋O".

例 ① 南边没有体育馆。 ② 小区里边没有银行。 ③ 银行旁边没有超市。

**4.** **"是"表示存在。Expression of existence "是".**

当确定某处存在某人或者某物，并要点出这个人是谁、这个事物是什么时，使用动词"是"。是 is used when it's known for sure that there is a certain person or thing in a certain place, and you want to point out who the person is or what the thing is.

例 ① ★ 小区东边是一个公园。　② 前边是银行。　③ 我旁边是马克。

---

### 句型操练　Pattern Drills

**朗读例句，再看图用句型造句。Read the sample sentences and make sentences with the pictures and sentence structures given.**

① 留学生公寓**不是很好吗**？

……**不是很好吗**？

医院

鞋

坐地铁

② **昨天我去**看了一套房子。

**昨天我去**……**了**……

买　三件衣服

看　一个朋友

换　三百美元

③ **附近有**超市**吗**？

**附近有**……**吗**？

银行

书店

饭店

④ 小区东边**是**一个公园。

……**是**……

前面　银行

麦当劳旁边　超市

公寓西边　体育馆

## 活动与扩展　Activities and Extension

### 语音 Phonetics

**1.** 听录音，跟读比较 s 和 sh。Listen to and read after the recording, compare the pronunciation between "s" and "sh".

3-7

① sì - shì　　② sū - shū　　③ sān - shān　　④ sǎo - shǎo

⑤ suì - shuì　　⑥ sǎng - shǎng　　⑦ sēng - shēng　　⑧ suàn - shuàn

sìshísì zhī shíshīzi
四十四 只 石狮子
44 stone lions

**2.** 朗读句子。Read the sentences aloud.

3-8

① 我想在学校附近租一套房子。

② 我想租一套带厨房的房子。

③ 一室一厅一卫，就是一个卧室、一个客厅、一个卫生间。

④ 我的房子里有家具，还有空调、电视、冰箱和洗衣机。

⑤ 昨天我去看了一套房子。

⑥ 小区环境还可以，东边是一个公园，南边有一个体育馆，里边还有银行。

### 扩展 Extension

**1.** 听录音，看图学习关于家具的词语。Listen to the recording and learn the words related to furniture from the pictures.

3-9

jiājù
家具
furniture

zhuōzi  yǐzi
桌子 椅子
desk chair

yīguì
衣柜
wardrobe

chuáng
床
bed

shāfā
沙发
couch

**2.** 看图说一说这套房子有几个房间，都是什么房间，每个房间里都有什么么。再跟同学谈谈你喜欢什么样的房子。Look at the pictures and talk about how many rooms there are in this house. What are the rooms for and what does each room have? Share with your classmates about what kind of house you like.

**实践任务 Real Task**

请你了解三位同学或朋友的居住环境以及房租，并将调查情况写在表格中，跟同伴说一说。Please interview three classmates or friends about their neighborhood and rent. Take notes in the chart below and share with the class.

| 名字 | 环境 | 房租 |
|---|---|---|
| 马克 | 还可以。小区东边是一个公园，南边有一个体育馆，小区里边还有银行。银行旁边有一个大超市。 | 4500 元／月 |
|  |  |  |
|  |  |  |
|  |  |  |

## 汉字 Chinese Characters

**1.** 学习汉字偏旁，摹写汉字。Learn the radicals and copy the Chinese characters.

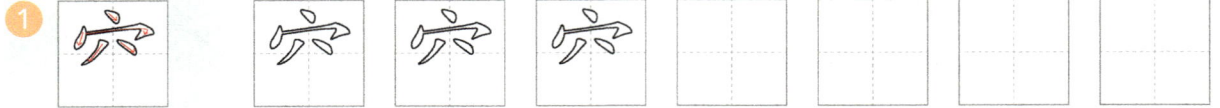

**①**

穴　穴　穴　穴

*xué bǎo gài*
穴宝盖

空　空　空　空

丶丷宀宀宀穴空空

**②**

又　又　又　又

*yòu zì páng*
又字旁

对　对　对　对

フ又ヌ一对对

**③**

禾　禾　禾　禾

*hé mù páng*
禾木旁

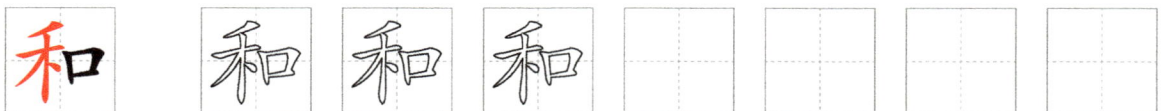

和　和　和　和

一二千禾禾禾和和

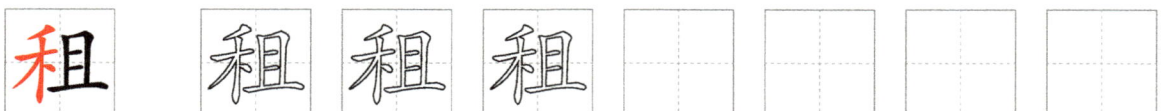

租　租　租　租

一二千禾禾和和和租租

**2.** 根据给出的偏旁和部件连线组字。**Match the given radicals and components to form the correct Chinese characters.**

又　　禾　　宀

寸　欠　又　隹　鸟　口　且　中　工　牙

租　鸡　欢　空　难　对　双　种　穿　和

阅读短文，说说你们国家有没有跟中国类似的方位描述方式，比较一下两者之间的相同点和不同点。**Read the following passage and share with the class whether your country has similar ways to describe directions as China. Compare and contrast the similarities and differences.**

Zhōngguórén chángyòng de fāngwèi miáoshù fāngshì
## 中国人　常用　的　方位　描述　方式
### Common Ways to Describe Directions in China

In China, people from the northern part of China are used to using "East-South-West-North" to describe direction, whereas people from the southern part of China are used to using "Front-Back-Left-Right". For example, it is your first time in Beijing and you want to know the direction to the bus stops. People from Beijing will say "Keep walking towards the north, turn west at the intersection and it is to the north of the road." However, people from the south will say "Keep walking straight, turn left at the intersection and it is on the right-hand side of the road." The differences between these two descriptions are that you can use your own body to tell "Front-Back-Left-Right" but you need to depend on the sun and street to tell "East-South-West-North".

There are many reasons that contribute to the different habits. For example: weather. There are more rainy days in the south and more sunny days in the north. Therefore, it is easier to tell "East-South-West-North" in the north. It is also possible that it has something to do with the terrain. Southern China has more mountains. As a result, houses and streets that are built alongside with the mountains are curvier. Streets in the northern cities of China are straighter, and they are either East-West bound or South-North bound. It is very easy to tell the direction of "East-South-West-North".

## 总结与评估　　Summary and Assessment

利用下面的表格，总结并评价一下自己对本课内容的掌握程度。Use the table below to assess your learning of this lesson.

| 完成学习以后，现在我能……<br>After completing this lesson, I am able to ... | 很好<br>☆☆☆<br>Good | 一般<br>☆☆<br>Average | 不好<br>☆<br>Bad |
|---|---|---|---|
| 学会卧室、客厅、厨房、卫生间这些房间的词语<br>Master the words: 卧室, 客厅, 厨房, 卫生间 and other rooms | | | |
| 学会空调、电视、冰箱、洗衣机这些家用电器名称的词语<br>Master the words: 空调, 电视, 冰箱, 洗衣机 and other home appliances | | | |
| 用附近、旁边、里边、东边、南边这些方位名词正确描述物品的位置<br>Use close to, next to, inside, east, south and other location words to describe location of objects | | | |
| 描述自己住的房子或公寓的基本情况<br>Describe the house or apartment I live in | | | |

### 总结 Summary

本课我记住的词语有 The words I've remembered are:

_____

本课我学会的句子有 The sentences I've learned are:

_____

我觉得还需要进一步掌握的是 I think that I need to improve:

_____

Wǒ yǒudiǎnr bù shūfu.
## 我 有点儿 不 舒服。
I am not feeling well.

---

📎 **学习目标** **Objectives**

1. 能够掌握询问病情的问句。Be able to ask about health conditions.
2. 能够向别人描述感冒的情况。Be able to describe symptoms of a cold.
3. 能够学会谈论身体健康状况。Be able to talk about health condition.
4. 能够了解在医院看病的日常交际用语。Be able to master vocabulary and phrases for going to a hospital.

---

📎 **第一部分：生病** **Part I: Getting Sick**

### 热身 Warm-up

如果你生病了，你会怎么做？ **If you were sick, what would you do?**

shuìjiào
睡觉
to sleep

chī yào
吃 药
to take medicine

qù yīyuàn
去 医院
to go to the hospital

### 词语 New Words

听录音，跟读学习词语。**Listen to and read after the recording to learn new words.**

4-1

| | | | | |
|---|---|---|---|---|
| 1 shūfu 舒服 comfortable | 2 tóu 头 head | 3 téng 疼 ache | 4 gǎnmào 感冒 to have a cold | 5 kěnéng 可能 probably |
| 6 yóuyǒng 游泳 to swim | 7 shuǐ 水 water | 8 liáng 凉 cool | 9 yào 药 medicine | 10 péi 陪 to accompany | 11 bú yòng 不 用 no need to |

| 12 shuìjiào 睡觉 to sleep | 13 bāng 帮 to help | 14 qǐngjià 请假 to ask for leave | 15 hǎohāor 好好儿 be well | 16 xiūxi 休息 to rest |
|---|---|---|---|---|

## 对话 Dialogue

**1.** 看视频，回答问题。Watch the video and answer the questions.

4-2

1   Kǎlún zěnmele?
卡伦 怎么 了？

2   Kǎlún shì bu shì gǎnmào le?
卡伦 是 不 是 感冒 了？

3   Kǎlún chī yào le ma?
卡伦 吃 药 了 吗？

4   Kǎlún xiǎng qù yīyuàn ma?
卡伦 想 去 医院 吗？

5   Kǎlún xiǎng zuò shénme?
卡伦 想 做 什么？

**2.** 听录音，跟读对话。Listen to and read after the recording.

4-3

卡伦生病了，惠美和卡伦在公寓聊天。
Karen is sick, Emi and Karen are chatting in the apartment.

Huìměi: Kǎlún, nǐ zěnme hái bù qǐchuáng?
惠美： 卡伦， 你 怎么 还 不 起床？

Kǎlún: Wǒ yǒudiǎnr bù shūfu.
卡伦： 我 有点儿 不 舒服。

Huìměi: Nǐ zěnmele?
惠美： 你 怎么 了？

Kǎlún: Wǒ tóu yǒudiǎnr téng.
卡伦： 我 头 有点儿 疼。

Huìměi: Nǐ shì bu shì gǎnmào le?
惠美： 你 是 不 是 感冒 了？

Kǎlún: Kěnéng shì. Zuótiān wǒ qù yóuyǒng le, shuǐ yǒudiǎnr liáng.
卡伦： 可能 是。 昨天 我 去 游泳 了， 水 有点儿 凉。

Huìměi: Nǐ chī yào le ma?
惠美： 你 吃 药 了 吗？

Kǎlún: Chīle.
卡伦： 吃 了。

Huìměi: Yào bu yào wǒ péi nǐ qù yīyuàn?
惠美: 要 不 要 我 陪 你 去 医院？

Kǎlún: Bú yòng. Wǒ xiǎng shuì yi jiào. Nǐ bāng wǒ qǐng ge jià ba.
卡伦: 不用。 我 想 睡 一 觉。 你 帮 我 请 个 假 吧。

Huìměi: Hǎode. Nǐ hǎohaor xiūxi ba.
惠美: 好的。 你 好好儿 休息 吧。

**3.** 看图片，完成对话。Complete the dialogues according to the given pictures.

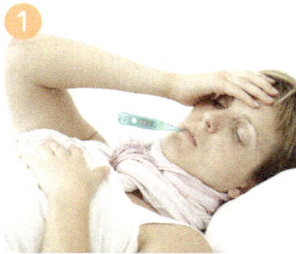

A：你怎么还不
　起床？

B：_____。

A：_____？

B：我头有点
　儿疼。

A：你昨天
　_____？

B：_____。

A：要不要我陪
　你_____？

B：_____。

---

🖊 **第二部分：看病**　　Part II: Going to a Hospital

**热身 Warm-up**

给下面的词语选择对应的图片。Choose the correct picture for each given word.

fāshāo
1. 发烧 ____
have a fever

yàofáng
3. 药房 ____
pharmacy

yàofāng
2. 药方 ____
prescription

dǎzhēn
4. 打针 ____
to have an injection

## 词语 New Words

听录音，跟读学习词语。Listen to and read after the recording to learn new words.

4-4

| 1 sǎngzi 嗓子 throat | 2 fāshāo shāo 发烧 / 烧 to have a fever | 3 tǐwēnbiǎo 体温表 thermometer | 4 dù 度 degree | 5 bìng 病 sickness |
| 6 yánzhòng 严重 severe | 7 xūyào 需要 need to | 8 dǎzhēn 打针 to have an injection | 9 xíng 行 ok | 10 xīyào 西药 western medicine |
| 11 zhōngyào 中药 Chinese medicine | 12 yàofāng 药方 prescription | 13 yàofáng 药房 pharmacy | 14 céng 层 (measure word for floor) | |

## 对话 Dialogue

**1.** 看视频，回答问题。Watch the video and answer the questions.

4-5

① Kǎlún zěnme le?
卡伦 怎么 了？

② Kǎlún de bìng yánzhòng ma?
卡伦 的 病 严重 吗？

③ Kǎlún xūyào dǎzhēn ma?
卡伦 需要 打针 吗？

④ Kǎlún chī zhōngyào háishi xīyào?
卡伦 吃 中药 还是 西药？

⑤ Yàofáng zài nǎr?
药房 在 哪儿？

**2.** 听录音，跟读对话。Listen to and read after the recording.

4-6

卡伦在医院看病。Karen is in the hospital.

yīshēng: Nǎr bù shūfu?
医生：哪儿 不 舒服？

Kǎlún: Tóu téng, sǎngzi téng.
卡伦：头 疼，嗓子 疼。

yīshēng: Fāshāo ma?
医生：发烧 吗？

Kǎlún: Kěnéng yǒudiǎnr fāshāo.
卡伦：可能 有点儿 发烧。

yīshēng: Shì yi shì tǐwēnbiǎo ba.　...　Sānshíbā dù wǔ, yǒudiǎnr fāshāo.
医生：试 一 试 体温表 吧。……　38 　度5，有点儿 发烧。

Kǎlún: Yīshēng, wǒ de bìng yánzhòng ma? Xūyào dǎzhēn ma?
卡伦：医生， 我的 病 严重 吗？需要 打针 吗？

yīshēng: Bú yòng dǎzhēn, chī diǎnr yào jiù xíng le.
医生：不 用 打针， 吃 点儿 药 就 行 了。

Kǎlún: Xīyào háishi zhōngyào?
卡伦：西药 还是 中药？

yīshēng: Xīyào, zhōngyào dōu yǒu. Yào duō hē shuǐ. Zhè shì yàofāng, yàofáng zài
医生：西药、 中药 都 有。要 多 喝水。 这 是 药方， 药房 在
　　　　yī céng.
　　　　一 层。

Kǎlún: Xièxie yīshēng!
卡伦：谢谢 医生！

**3.** 看图片，完成对话。Complete the dialogues according to the given pictures.

A：你怎么了？
B：我 ＿＿＿＿。
A：＿＿＿＿。吃 点儿药就行了。
B：＿＿＿＿ 还是 ＿＿＿＿？
A：＿＿＿＿。
B：谢谢医生！

A：你是不是＿＿＿＿？
B：可能是。＿＿＿＿
A：试一试体温表吧。＿＿＿＿
B：＿＿＿＿严重吗？
A：＿＿＿＿。

**语言点**　Language Points

学习下列语言点，并在"对话"中找到带★的句子。Learn the following language points and find the sentences with ★ in Dialogue.

**1.** "怎么（2）" 问原因。Questions with the interrogative pronoun "怎么(2)".

疑问代词"怎么"用来询问已发生的情况及其过程、原因等，在句中做状语，放在谓语动词前面。
Questions with the interrogative pronoun 怎么 (how) are used to ask about a past situation and

its process and reasons. It functions as the adverbial modifier of the sentence and should be placed before the predicate.

例 ① ★你怎么了？　② ★你怎么还不起床？　③ 你怎么发烧了？

## 2. 语气助词"了"。The modal particle 了.

语气助词"了"用在句尾，表示在某段时间内出现的情况或发生的事情。有一种肯定的语气，有成句作用。句中常出现时间词，时间词可以放在主语和谓语之间，也可以放在主语前。句型格式为"S＋时间状语＋V＋O＋了"或者"时间状语＋S＋V＋O＋了"。The modal particle 了 is placed at the end of a sentence to express an affirmative tone and influences its meaning as a whole. Temporal adverbial modifiers can be placed before the subject or between the subject and attribute. It is formed as: "S＋an adverbial of time＋V＋O＋了" or "an adverbial of time＋S＋V＋O＋了".

例 ① ★你吃药了吗？　② 我昨天去医院了。／昨天我去医院了。
③ 马克昨天去游泳了。／昨天马克去游泳了。

否定形式是动词前加"没有"或"没"，句尾没有"了"。格式为"S＋时间状语＋没（有）＋V＋O"或者"时间状语＋S＋没（有）＋V＋O"。The negative form is to add 没有 or 没 before the verb, without using 了 at the end of the sentence. It is formed as: "S＋an adverbial of time＋没（有）＋V＋O" or "an adverbial of time＋S＋没（有）＋V＋O".

例 ① 昨天我没去医院。　② 马克昨天没游泳。

正反疑问句的格式为"S＋时间状语＋V＋O＋了没有？"或者"时间状语＋S＋V＋O＋了没有？"。In an affirmative-negative question, it is formed as: "S＋an adverbial of time＋V＋O＋了没有?" or "an adverbial of time＋S＋V＋O＋了没有?".

例 ① 昨天你去医院了没有？　② 马克昨天游泳了没有？

## 3. 离合动词。Clutch verbs.

汉语动词中存在一种可以分离的动词，例如"请假""游泳""睡觉""起床"等。一般是"动词＋宾语"的结构。中间可以加其它成分，重叠形式只重叠动词部分。There are some verbs that can be divided into two parts, such as 请假, 游泳, 睡觉, 起床, etc. Generally, the clutch verbs are in "verb + object" structure. Other complements can be put between the two parts of a clutch verb. The reduplicated form for some clutch verbs is AAB (only to reduplicate the verb part).

例 ① ★我想睡一觉。 ② ★你帮我请个假吧。

| V | 其他成分 | O |
|---|---|---|
| 请 | （一）下 | 假 |
| 游 | （一）下 | 泳 |
| 睡 | （一）会儿 | 觉 |

| VV | O |
|---|---|
| 游游 | 泳 |
| 睡睡 | 觉 |

**4.** 主谓谓语句。The sentence with a subject-predicate phrase as its predicate.

主谓词组做句子的谓语，描写或说明主语的句子叫主谓谓语句。When a subject-predicate phrase functions as the predicate of a sentence and explains or describes the subject, this sentence is called a sentence with a subject-predicate phrase as its predicate.

例 ① ★我头有点儿疼。 ② 我嗓子疼。

| Subject（S） | Predicate（P） | |
|---|---|---|
| | Subject（S'） | Predicate（P'） |
| 我 | 头 | 疼。 |
| 我 | 嗓子 | 疼。 |

**句型操练**  **Pattern Drills**

朗读例句，再看图用句型造句。Read the sample sentences and make sentences with the pictures and sentence structures given.

① 你怎么还不起床？

你怎么……？

感冒了

不吃药

不住学生公寓

② 昨天我去游泳了。

昨天我去……了。

买东西

换钱

看朋友

③ 你吃药了吗？

你……了吗？

吃饭　　取钱　　租房子

## 活动与扩展　Activities and Extension

### 语音 Phonetics

**1.** 听录音，跟读比较 x 和 sh。Listen to and read after the recording, compare the pronunciation between "x" and the "sh".

4-7

① xī - shī　　② xí - shí　　③ xià - shà　　④ xiān - shān

⑤ xiàng - shàng　　⑥ xiǎo - shǎo　　⑦ xīng- shēng　　⑧ xū - shū

yíkuàir yùxí
一块儿 预习
to preview together

yí kuài yùshí
一 块 玉石
a piece of jade

**2.** 朗读句子。Read the sentences aloud.

4-8

① 你怎么还不起床？

② 我头有点儿疼，可能感冒了。

③ 昨天我去游泳了，水有点儿凉。

④ 我想睡一觉。你帮我请个假吧。

⑤ 你哪儿不舒服？

⑥ 不用打针，吃点儿药就行了。

### 扩展 Extension

**1.** 听录音，看图学习关于病情的词语。Listen to the recording and learn the words related to sickness from the pictures.

4-9

bìngqíng
病情
sickness

gǔzhé
骨折
fracture

yáténg
牙疼
toothache

dùzi téng
肚子 疼
stomachache

**2.** 看图说一说他们怎么了，再跟同学谈谈生病后应该做什么。Look at the pictures and tell what is wrong with them. Discuss with your classmates about what to do after getting sick.

**实践任务 Real Task**

请跟你的同学或朋友聊一聊，了解一下他们得过什么病以及采取的治疗方法，并将结果写在下面的表格中，总结出哪种治疗方法更有效。Please interview your classmates or friends about their experiences of getting sick and receiving treatment. Take notes in the chart below and sum up which treatment is the most effective.

| 名字 | 病情 | 治疗方法 |
|------|------|----------|
| 卡伦 | 头疼、嗓子疼、体温 38 度 5，有点儿烧 | 吃中药和西药 |
| | | |
| | | |
| | | |

## 汉字 Chinese Characters

**1.** 学习汉字偏旁，摹写汉字。Learn the radicals and copy the Chinese characters.

**1** 走 走 走 走

zǒu zì páng
走字旁

起 起 起 起

一 十 土 キ キ 走 走 走 起 起 起

**2** 冫 冫 冫 冫

liǎng diǎn shuǐ
两 点 水

凉 凉 凉 凉

丶 冫 冫 广 广 泸 泸 凉 凉 凉

**3** 疒 疒 疒 疒

bìng zì páng
病字旁

病 病 病 病

丶 一 广 广 疒 疒 疒 病 病 病

疼 疼 疼 疼

丶 一 广 广 疒 疒 疒 疼 疼 疼

**2.** 根据给出的偏旁和部件连线组字。**Match the given radicals and components to form the correct Chinese characters.**

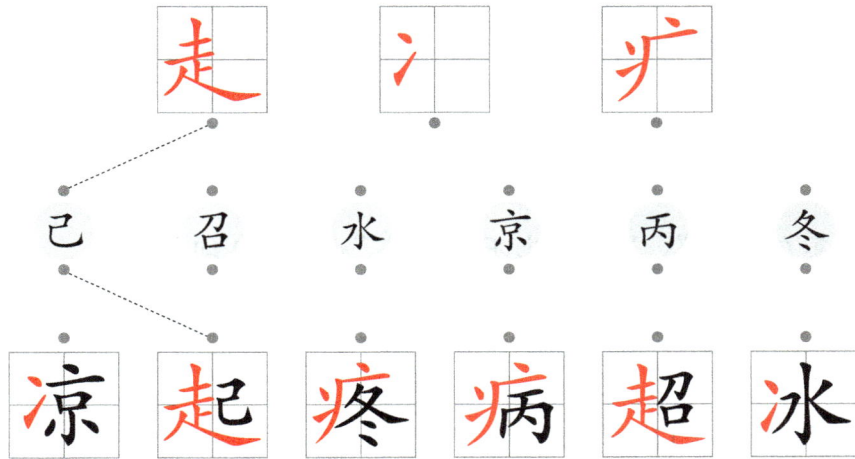

走　冫　疒

己　召　水　京　丙　冬

凉　起　疼　病　超　冰

### 文化 Culture

阅读短文，想象一下，你在中国旅游时，胃有些不舒服，而且拉肚子。这时你应该去医院的哪个科看病？ Read the following passage and imagine that you have a stomachache and diarrhea when travelling in China. Which department should you visit in the hospital?

zài Zhōngguó yīyuàn kànbìng
### 在　中国　医院　看病
**Visiting a Hospital in China**

If you are not feeling well, you need to go to the hospital. Firstly, you need to register with a valid identification, choose outpatient and then choose the specific department. If you are not sure which department to visit, you can ask the information desk.

Every department in Chinese hospitals are different. You need to go to a specific department for different symptoms. The main departments are: Internal Medicine, General Surgery, Pediatrics, Gynecology, Ophthalmology, Stomatology, and Otolaryngology. If you have a cold, you can go to Internal Medicine. If you hit your head by accident, you should visit General Surgery. When you have a toothache, you can go to Stomatology.

If it is an acute illness or an emergency which requires immediate assistance, you need to go to Emergency instead of specific departments for out patients.

**总结与评估**　　　Summary and Assessment

利用下面的表格，总结并评价一下自己对本课内容的掌握程度。Use the table below to assess your learning of this lesson.

| 完成学习以后，现在我能……<br>After learning this lesson, I am able to ... | 很好<br>☆ ☆ ☆<br>Good | 一般<br>☆ ☆<br>Average | 不好<br>☆<br>Gad |
|---|---|---|---|
| 用"你怎么了？""你哪儿不舒服？"等问句询问病情<br>Ask about people's condition with "你怎么了？""你哪儿不舒服？" | | | |
| 向别人描述感冒的症状<br>Describe to other people the symptoms of a cold | | | |
| 谈论自己的身体健康状况<br>Talk about my health condition | | | |
| 了解在医院看病的日常交际用语<br>Understand and apply the daily conversation skills in visiting a hospital | | | |

**总结 Summary**

本课我记住的词语有 The words I've remembered are:

_____

本课我学会的句子有 The sentences I've learned are:

_____

我觉得还需要进一步掌握的是 I think that I need to improve:

_____

Nǐ xiǎng jiǎn shénme yàng de?
# 你 想 剪 什么 样 的？
## What kind of style do you want?

---

### 🎯 学习目标　　Objectives

1. 能够恰当地使用礼貌用语，学会表达剪发时的需求。Be able to express your request in a polite way when having a haircut.

2. 能够学会关于理发的日常用语，如"洗、剪、吹"。Be able to master vocabulary related to getting a haircut, such as wash, cut and blow dry.

3. 能够学会用"前边、后边、这边"这些表示方位的名词描述位置。Be able to use location words such as front, back and here to describe locations.

4. 能够学会谈论微信支付等付款方式，并在实际生活中应用。Be able to talk about WeChat pay and other mobile payment methods and use them in real life.

---

### ✏️ 第一部分：理发　　Part I: Getting a Haircut

#### 热身 Warm-up

你多长时间剪一次头发？你觉得怎样会让你的头发更好看？**How often do you get a haircut? What kind of haircut makes your hair look nice?**

jiǎnfà
剪发
to have a haircut

tàngfà
烫发
to curl one's hair

rǎnfà
染发
to dye one's hair

## 词语 New Words

听录音，跟读学习词语。Listen to and read after the recording to learn new words.

5-1

| 1 huānyíng<br>欢迎<br>welcome | 2 guānglín<br>光临<br>welcome (to this place) | 3 qǐng jìn<br>请进<br>please come in | 4 lǐfà<br>理发<br>to have a haircut |
|---|---|---|---|
| 5 zuò<br>坐（2）<br>to sit | 6 jiǎn<br>剪<br>to cut | 7 qiánbian<br>前边<br>front | 8 duǎn<br>短<br>short |
| 9 hòubian<br>后边<br>back | | | |
| 10 háishi<br>还是（2）<br>still | 11 cháng<br>长<br>long | 12 zài<br>再<br>again | 13 zhèbiān<br>这边<br>here |
| 14 xǐ<br>洗<br>to wash | 15 chuī<br>吹<br>to blow | 16 gān<br>干<br>dry | 17 zhīfù<br>支付<br>to pay |

## 对话 Dialogue

1. 看视频，回答问题。Watch the video and answer the questions.

5-2

Āndélǔ xiǎng zuò shénme?
① 安德鲁 想 做 什么？

Āndélǔ xiǎng jiǎn shénme yàng de?
② 安德鲁 想 剪 什么 样 的？

Āndélǔ jiǎn wán tóufà yǐhòu yòu zuòle shénme?
③ 安德鲁 剪 完 头发 以后 又 做了 什么？

Jiǎnfà duōshao qián?
④ 剪发 多少 钱？

Āndélǔ zěnme fùqián?
⑤ 安德鲁 怎么 付钱？

2. 听录音，跟读对话。Listen to and read after the recording.

5-3

安德鲁在理发店理发。Andrew is having a haircut in a barber shop.

| lǐfàshī: | Huānyíng guānglín!  Qǐng jìn! |
|---|---|
| 理发师： | 欢迎　光临！　请　进！ |

| Āndélǔ: | Wǒ xiǎng lǐfà. |
|---|---|
| 安德鲁： | 我　想　理发。 |

| lǐfàshī: | Qǐng zuò. Nǐ xiǎng jiǎn shénme yàng de? |
|---|---|
| 理发师： | 请　坐。你　想　剪　什么　样　的？ |

| Āndélǔ: | Qiánbian jiǎn duǎn yìdiǎnr. |
|---|---|
| 安德鲁： | 前边　剪　短　一点儿。 |

| lǐfàshī: | Hòubian ne? |
|---|---|
| 理发师： | 后边　呢？ |

| Āndélǔ: | Hòubian bú yòng jiǎn. |
|---|---|
| 安德鲁： | 后边　不　用　剪。 |

过了一会儿。**After a while.**

| lǐfàshī: | Nǐ kànkan zěnmeyàng? |
|---|---|
| 理发师： | 你　看看　怎么样？ |

| Āndélǔ: | Hòubian háishi yǒudiǎnr cháng, zài jiǎn duǎn yìdiǎnr ba. |
|---|---|
| 安德鲁： | 后边　还是　有点儿　长，　再　剪　短　一点儿　吧。 |

又过了一会儿。**After a while.**

| lǐfàshī: | Hǎo le, dào zhèbiān xǐ yi xǐ ba. |
|---|---|
| 理发师： | 好　了，到　这边　洗　一　洗　吧。 |

| Āndélǔ: | Hǎode.  Xǐwán bāng wǒ chuīgān ba.  Duōshao qián? |
|---|---|
| 安德鲁： | 好的。　洗完　帮　我　吹干　吧。　多少　钱？ |

| lǐfàshī: | Sìshíbā kuài. |
|---|---|
| 理发师： | 48　块。 |

| Āndélǔ: | Wǒ Wēixìn zhīfù ba. |
|---|---|
| 安德鲁： | 我　微信　支付　吧。 |

**3.** 看图片，完成对话。Complete the dialogues according to the given pictures.

① A：_____！
B：我想理发。

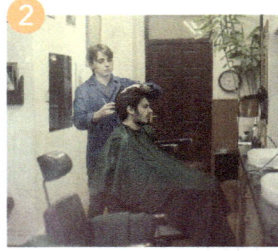

② A：你想剪什么样的？
B：_____。

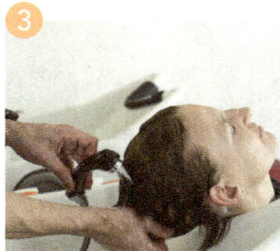

③ A：_____？
B：好，洗完帮我吹干吧。

④ A：这些水果一共 80 块。
B：我_____。

---

🖊 **第二部分：染发**      **Part II: Dyeing One's Hair**

**热身 Warm-up**

给下面的词语选择对应的图片。Choose the correct picture for each given word.

A    B    C    D

1. zhěngróng 整容 ____
to have plastic surgery

3. bízi 鼻子 ____
nose

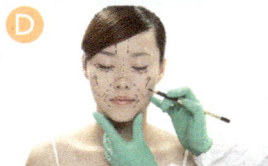

2. yǎnjing 眼睛 ____
eye

4. rǎnfà 染发 ____
to dye one's hair

**词语 New Words**

听录音，跟读学习词语。Listen to and read after the recording to learn the vocabulary.

5-4

| 1 rǎnfà 染发 | 2 tóufà 头发 | 3 huáng 黄 | 4 gēn 跟 | 5 yíyàng 一样 | 6 wénhuà 文化 | 7 dànshì 但是 | 8 yǎnjing 眼睛 |
|---|---|---|---|---|---|---|---|
| to dye one's hair | hair | yellow | as | the same | culture | but | eye |

| 9 bízi | 10 zhěngróng | 11 bié | 12 kāi wánxiào | 13 shuǐpíng | 14 gāo | 15 róngyì |
|---|---|---|---|---|---|---|
| 鼻子 | 整容 | 别 | 开玩笑 | 水平 | 高 | 容易 |
| nose | to have plastic surgery | don't | to joke | level | high | easy |

## 对话 Dialogue

**1.** 看视频，回答问题。**Watch the video and answer the questions.**

5-5

Kǎlún xiǎng zuò shénme?
① 卡伦 想 做 什么？

Kǎlún de tóufà shì shénme yánsè de?
② 卡伦 的 头发 是 什么 颜色 的？

Kǎlún xiǎng rǎn shénme yánsè de?
③ 卡伦 想 染 什么 颜色 的？

Kǎlún wèi shénme yào gēn Zhōngguórén yíyàng?
④ 卡伦 为 什么 要 跟 中国人 一样？

Rǎnfà, xué Hànyǔ, Kǎlún juéde nǎ ge gèng róngyì?
⑤ 染发、学 汉语，卡伦 觉得 哪个 更 容易？

**2.** 听录音，跟读对话。**Listen to and read after the recording.**

5-6

卡伦和惠美在公寓聊染发的事情。
Karen and Emi are talking about dyeing hair in the apartment.

Kǎlún: Wǒ xiǎng qù rǎnfà.
卡伦： 我 想 去 染发。

Huìměi: Nǐ de tóufà shì huáng yánsè de, xiǎng rǎn shénme yánsè de?
惠美： 你的 头发 是 黄 颜色 的， 想 染 什么 颜色 的？

Kǎlún: Wǒ xiǎng rǎn hēisè de, gēn Zhōngguórén yíyàng.
卡伦： 我 想 染 黑色 的，跟 中国人 一样。

Huìměi: Wèi shénme yào gēn Zhōngguórén yíyàng?
惠美： 为 什么 要 跟 中国人 一样？

Kǎlún: Wǒ xǐhuan Zhōngguó wénhuà, yě hěn xǐhuan Zhōngguórén.
卡伦： 我 喜欢 中国 文化， 也 很 喜欢 中国人。

Huìměi: Nǐ de tóufà yánsè gēn Zhōngguórén yíyàng, dànshì yǎnjing, bízi
惠美： 你的 头发 颜色 跟 中国人 一样，但是 眼睛、鼻子

gēn Zhōngguórén bù yíyàng a.
跟　中国人　不　一样　啊。

Kǎlún:　Wǒ shì bu shì hái yào zhěngróng a?
卡伦：　我 是 不 是 还 要　整容　啊？

Huìměi:　Bié kāi wánxiào le.　Nǐ de Hànyǔ shuǐpíng
惠美：　别 开　玩笑　了。你 的 汉语　水平

gēn Zhōngguórén yíyàng gāo jiù xíng le.
跟　中国人　一样 高 就 行 了。

Kǎlún:　Rǎnfà hěn róngyì, xué Hànyǔ bú tài róngyì a!
卡伦：　染发 很 容易，学 汉语 不 太 容易 啊！

**3.** 看图片，完成对话。Complete the dialogues according to the given pictures.

A：欢迎光临！请进！
B：我想_____。
A：请坐。你想剪_____？
B：_____。
A：你看看怎么样？
B：_____。

A：你好。我
想染发。
B：_____？
A：我想染黄色的。
B：好了，_____。
A：好，洗完帮我吹干吧。
_____？
B：600 块。
A：可以微信支付吗？
B：_____。

---

 **语言点**　**Language Points**

学习下列语言点，并在"对话"中找到带★的句子。Learn the following language points and find the sentences with ★ in Dialogue.

**1.** **A 跟 B 一样。A is the same with B.**

汉语用"A 跟 B 一样／不一样"表示比较。"A 跟 B 一样"表示 A 和 B 相同，二者没有差别。"A 跟 B 不一样"表示 A 和 B 不同，二者有差别。In Chinese, the phrase "A 跟 B 一样／不一样" is used to indicate comparison. "A 跟 B 一样" indicates A is the same as B, there is no difference. "A 跟 B 不一样" indicates A is different from B.

例 ① ★ 你头发的颜色跟中国人一样。
② 你的汉语水平跟中国人一样。
③ 我的眼睛、鼻子跟中国人不一样。

**2.** 别……了。Don't …

"别……了"表示劝阻或禁止。"别……了 (Don't …)" is used to dissuade or prohibit someone to do something.

例 ① ★ 别开玩笑了。　② 别睡觉了。　③ 别染发了。

🖈 **句型操练**　**Pattern Drills**

朗读例句，再看图用句型造句。Read the sample sentences and make sentences with the pictures and sentence structures given.

❶ 你头发的颜色跟中国人一样。

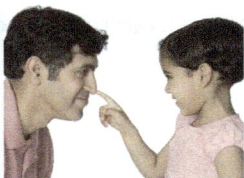  

A 跟 B 一样。

鼻子　爸爸　　鞋子　孙月　　眼睛　妈妈

❷ 别开玩笑了。

别……了。

打针　　　　游泳　　　　睡觉

🖈 **活动与扩展**　**Activities and Extension**

**语音 Phonetics**

**1.** 听录音，跟读比较 q 和 ch。Listen to and read after the recording, compare the pronunciation between "q" and "ch".

5-7

① qī - chī　② qià - chà　③ qián - chán　④ qiàng - chàng
⑤ qǐng - chěng　⑥ qǔ - chǔ　⑦ qù - chù　⑧ quān - chuān

Xiànzài rén bù qí, bā diǎn zài zǒu yě bù chí.
现在 人不齐，八 点 再 走 也 不 迟。
We are still missing people, it is not even late to leave at 8 o'clock.

**2.** 朗读句子。**Read the sentences aloud.**

5-8

1 欢迎光临！请进！

2 我想理发。

3 前面剪短一点儿，后边不用剪。

4 你的头发是黄颜色的，你想染什么颜色的？

5 你的头发颜色跟中国人一样，但是眼睛、鼻子跟中国人不一样啊。

6 别开玩笑了。你的汉语水平跟中国人一样高就行了。

**扩展 Extension**

**1.** 听录音，看图学习关于身体部位的词语。**Listen to the recording, learn the vocabulary about body parts from the pictures.**

5-9

shēntǐ bùwèi
身体 部位
body parts

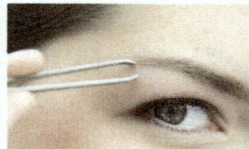

méimao
眉毛
eyebrow

ěrduo
耳朵
ear

zuǐ
嘴
mouth

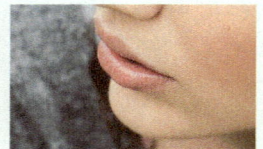

xiàba
下巴
jaw

shǒu
手
hand

gēbo
胳膊
arm

tuǐ
腿
leg

jiǎo
脚
foot

**2.** 看图说一说这些身体器官的名称。再跟同学说说你还知道哪些身体器官的中文名称。Look at the pictures and name the body parts. Tell your classmates what other body parts vocabulary you know.

眉毛 eyebrow　头发 hair

耳朵 ear　　　　　　　前额 forehead

鼻子 nose　　　　　　眼睛 eye

颈 neck　　　　　　脸 face

肩膀 shoulder　　　　嘴 mouth

胳膊 arm

**实践任务 Real Task**

请你了解三位同学或朋友的理想发型，并将调查情况写在表格中，跟同伴说一说。Please interview three classmates or friends about their desired haircut style. Take notes in the chart below and share with the class.

| 名字 | 理发 | 结果 |
|---|---|---|
| 安德鲁 | 剪发 | 前边剪短一点儿，后边不用剪 |
| 卡伦 | 染发 | 染黑色的 |
|  |  |  |
|  |  |  |
|  |  |  |

## 汉字 Chinese Characters

**1.** 学习汉字偏旁，摹写汉字。Learn the radicals and copy the Chinese characters.

① 口 口 口 口
fāngkuàngr
方框儿

国 国 国 国
丨 冂 冂 冂 冃 囯 国 国

② 目 目 目 目
mù zì páng
目字旁

眼 眼 眼 眼
丨 冂 冃 目 目 盯 盰 艮 眼 眼 眼

睛 睛 睛 睛
丨 冂 冃 目 目 盯 盰 盽 晴 睛 睛 睛

③ 王 王 王 王
wáng zì páng
王字旁

理 理 理 理
一 二 于 王 玏 玙 玾 珅 理 理 理

**2.** 根据给出的偏旁和部件连线组字。Match the given radicals and components to form the correct Chinese characters.

口　　目　　王

玉　元　艮　青　垂　里　不　元　见

睛　国　理　睡　玩　园　环　眼　现

文化 Culture

阅读短文，说说在你们的国家有没有跟中国类似的支付方式，比较一下两者之间的相同点和不同点。Read the following passage and share with the class whether your country has similar payment methods as China. Compare and contrast the similarities and differences.

yídòng　zhīfù
**移动　支付**
**Mobile Payment**

With the development and advancement of technology, our life is becoming easier. Currently, China's mobile payment is in the lead globally. We don't need to bring cash or credit card with us when going out, a phone is enough. Speaking of mobile payments, WeChat pay and Alipay are the two most common and mainstream payment methods.

WeChat pay and Alipay, besides fulfilling basic mobile payment functions, also have other convenient functions. It is very similar to credit and debit accounts. You can even receive interest when you deposit your money. The interest is counted daily and you can withdraw it at any time. In addition, Alipay and WeChat pay can also be used to pay for bills such as water and electricity bills, making our daily life very convenient.

微信支付　支付宝支付

总结与评估 **Summary and Assessment**

利用下面的表格，总结并评价一下自己对本课内容的掌握程度。Use the table below to assess your learning of this lesson.

| 完成学习以后，现在我能……<br>After learning this lesson, I am able to ... | 很好<br>☆☆☆<br>Good | 一般<br>☆☆<br>Average | 不好<br>☆<br>Bad |
|---|---|---|---|
| 礼貌、明确地向理发师表述自己的理想发型<br>Tell the barber politely and explicitly about my ideal hair style | | | |
| 掌握关于理发的基本用语，如"洗、剪、吹"等<br>Master vocabulary related to getting a haircut like "洗, 剪, 吹" etc. | | | |
| 用"前边、后边、这边"这些表示方位的名词正确描述位置<br>Use location words like "前边, 后边, 这边" to describe locations | | | |
| 谈论微信等移动支付方式，并在实际生活中应用<br>Talk about mobile payment methods like WeChat pay and apply them in real life | | | |

**总结 Summary**

本课我记住的词语有 The words I've remembered are：

_____

本课我学会的句子有 The sentences I've learned are：

_____

我觉得还需要进一步掌握的是 I think that I need to improve：

_____

# Lesson 6

## 谈学习 Talking About Learning

Nǐ Hànyǔ shuōde hěn liúlì.
# 你 汉语 说得 很 流利。
You speak Chinese fluently.

---

🖊 **学习目标** **Objectives**

1. 能够掌握比较人或事物的表达方式。Be able to express comparison.
2. 能够学会谈论自己和他人的汉语学习情况。Be able to talk about your own and other people's learning of Chinese.
3. 能够学会谈论自己和他人的学习方法。Be able to talk about your own and other people's learning methods.

---

🖊 **第一部分：谈学习1** **Part I: Talking About Learning 1**

### 热身 Warm-up

学习汉语都要学习什么？你什么学得好，什么学得不够好？ What components do you need to learn when learning Chinese? Which components did you learn well, and which did you not learn well?

|  |  |  |  |
|---|---|---|---|
| Hànzì | fāyīn | cíyǔ | yǔfǎ |
| 汉字 | 发音 | 词语 | 语法 |
| Chinese character | Pronunciation | vocabulary | grammar |

### 词语 New Words

听录音，跟读学习词语。Listen to and read after the recording to learn new words.

6-1

| 1 | 2 | 3 | 4 | 5 |
|---|---|---|---|---|
| de | shuō | fāyīn | shēngdiào | liúlì |
| 得 | 说 | 发音 | 声调 | 流利 |
| (a structural particle) | to speak | pronunciation | tone | fluent |

| 6 | 7 |
|---|---|
| zhǔn | nǎli |
| 准 | 哪里 |
| accurate | you flatter me / you are too kind ( a polite response to compliments ) |

| 8 | zhème<br>这么<br>so (to express degree) | 9 | kǒuyǔ<br>口语<br>spoken language | 10 | fēicháng<br>非常<br>very | 11 | chà<br>差<br>poor, bad | 12 | liáotiān<br>聊天<br>to chat |
|---|---|---|---|---|---|---|---|---|---|

| 13 | jièshào<br>介绍<br>to introduce | 14 | yǐhòu<br>以后<br>later | 15 | zánmen<br>咱们<br>we | 16 | liànxí<br>练习<br>to practice | 17 | méiwèntí<br>没问题<br>no problem |
|---|---|---|---|---|---|---|---|---|---|

## 对话 Dialogue

**1.** 看视频，回答问题。**Watch the video and answer the questions.**

6-2

① Kǎlún Hànyǔ shuōde zěnmeyàng?
卡伦 汉语 说得 怎么样？

② Wèi shénme Kǎlún xuéde hěn hǎo?
为 什么 卡伦 学得 很 好？

③ Āndélǔ Hànyǔ shuōde zěnmeyàng?
安德鲁 汉语 说得 怎么样？

④ Xuéxí Hànyǔ yǒu shénme hǎo fāngfǎ?
学习 汉语 有 什么 好 方法？

⑤ Āndélǔ dǎsuàn zuò shénme?
安德鲁 打算 做 什么？

**2.** 听录音，跟读对话。**Listen to and read after the recording.**

6-3

口语课下课以后，安德鲁和卡伦谈汉语学习。
After speaking class, Andrew and Karen are talking about learning Chinese.

Āndélǔ: Nǐ juéde shuō Hànyǔ nán ma?
安德鲁：你 觉得 说 汉语 难 吗？

Kǎlún: Wǒ juéde fāyīn hé shēngdiào yǒudiǎnr nán.
卡伦：我 觉得 发音 和 声调 有点儿 难。

Āndélǔ: Nǐ Hànyǔ shuōde hěn liúlì, yīn yě fāde hěn zhǔn.
安德鲁：你 汉语 说得 很 流利，音 也 发得 很 准。

Kǎlún: Nǎli.
卡伦：哪里。

Āndélǔ: Kǎlún, nǐ zěnme xuéde zhème hǎo?
安德鲁：卡伦，你 怎么 学得 这么 好？

Kǎlún: Wáng lǎoshī jiāo wǒmen kǒuyǔ, tā jiāode fēicháng hǎo.
卡伦：王 老师 教 我们 口语，她 教得 非常 好。

| Āndélǔ: | Wǒmen yìqǐ shàngkè, wǒ shuōde zěnme zhème chà? |
| 安德鲁： | 我们 一起 上课， 我 说得 怎么 这么 差？ |
| Kǎlún: | Yào duō gēn Zhōngguórén liáotiān, wǒ gěi nǐ jièshào yí ge Zhōngguó |
| 卡伦： | 要 多 跟 中国人 聊天，我 给 你 介绍 一个 中国 |
| | péngyou ba. |
| | 朋友 吧。 |
| Āndélǔ: | Hǎo a! Yǐhòu zánmen kěyǐ yìqǐ liànxí kǒuyǔ le. |
| 安德鲁： | 好 啊！以后 咱们 可以 一起 练习 口语 了。 |
| Kǎlún: | Méi wèntí. |
| 卡伦： | 没 问题。 |

**3.** 看图片，完成对话。**Complete the dialogues according to the given pictures.**

① 
yē  yé  yě  yè
mā  má  mǎ  mà

A：_____？
B：我觉得声调有点儿难。

②
A：你汉语说得_____。
B：哪里。

③
A：你汉语怎么说得这么好？
B：要多_____。

④
A：我给你介绍一个中国朋友吧？
B：好啊！以后咱们可以_____。

🖈 **第二部分：谈学习2**     **Part II: Talking About Learning 2**

**热身 Warm-up**

给下面的词语选择对应的图片。**Choose the correct picture for each given word.**

A
B
C 报名处 The registration
D

1. cānjiā 参加 ____ to participate
2. yǎnjiǎng 演讲 ____ speech
3. bàomíng 报名 ____ to sign up
4. bǐsài 比赛 ____ competition

## 词语 New Words

听录音，跟读学习词语。Listen to and read after the recording to learn new words.

6-4

| 1 | 2 | 3 | 4 | 5 |
|---|---|---|---|---|
| jǔxíng | yǎnjiǎng | bǐsài | tīngshuō | bàomíng |
| 举行 | 演讲 | 比赛 | 听说 | 报名 |
| to hold | speech | competition | (sb.) heard | to sign up |

| 6 | 7 | 8 | 9 | |
|---|---|---|---|---|
| bùrú | bǐ | zǒngshì | yìbiān……yìbiān…… | |
| 不如 | 比 | 总是 | 一边……一边…… | |
| not as good as | than | always | (doing two actions at the same time) | |

| 10 | 11 | 12 | 13 | 14 |
|---|---|---|---|---|
| tèbié | màn | cānjiā | jīhuì | yīnggāi |
| 特别 | 慢 | 参加 | 机会 | 应该 |
| especially | slow | to participate | opportunity | should |

## 对话 Dialogue

**1.** 看视频，回答问题。Watch the video and answer the questions.

6-5

Xuéxiào shénme shíhou yào jǔxíng Hànyǔ yǎnjiǎng bǐsài?
① 学校 什么 时候 要 举行 汉语 演讲 比赛?

Kǎlún bàomíngle ma?
② 卡伦 报名了 吗?

Mǎkè Hànyǔ shuōde zěnmeyàng?
③ 马克 汉语 说得 怎么样?

Kǎlún de kǒuyǔ zěnmeyàng?
④ 卡伦 的 口语 怎么样?

Tāmen dǎsuàn yìqǐ bàomíng ma?
⑤ 他们 打算 一起 报名 吗?

**2.** 听录音，跟读对话。Listen to and read after the recording.

6-6

马克和卡伦谈汉语比赛。Mark and Karen are talking about Chinese competitions.

Mǎkè: Kǎlún, xià ge yuè xuéxiào yào jǔxíng Hànyǔ yǎnjiǎng bǐsài, nǐ
马克: 卡伦，下 个 月 学校 要 举行 汉语 演讲 比赛，你
zhīdào ma?
知道 吗?

Kǎlún: Wǒ tīngshuō le.
卡伦: 我 听说 了。

Mǎkè: Nǐ bàomíngle ma?
马克: 你 报名 了 吗?

Kǎlún: Hái méiyǒu. Nǐ ne?
卡伦: 还 没有。 你呢?

Mǎkè: Wǒ de fāyīn hé shēngdiào dōu bùrú nǐ, wǒ bú bàomíngle.
马克: 我 的 发音 和 声调 都 不如 你, 我 不 报名了。

Kǎlún: Nǐ Hànyǔ shuōde bǐ wǒ liúlì.
卡伦: 你 汉语 说得 比我 流利。

Mǎkè: Nǎr a! Nǐ de kǒuyǔ bǐ wǒ hǎo duō le.
马克: 哪儿啊! 你的 口语 比我 好 多 了。

Kǎlún: Wǒ zǒngshì yìbiān xiǎng fāyīn, yìbiān shuō, shuōde tèbié màn.
卡伦: 我 总是 一边 想 发音, 一边 说, 说得 特别 慢。

Mǎkè: Cānjiā yǎnjiǎng bǐsài shì yí ge hǎo jīhuì, zánmen yīnggāi hǎohāor
马克: 参加 演讲 比赛是 一个 好 机会, 咱们 应该 好好儿
liànxí yíxià kǒuyǔ.
练习 一下 口语。

Kǎlún: Nà zánmen yìqǐ qù bàomíng ba.
卡伦: 那 咱们 一起去 报名 吧。

**3.** 看图片,完成对话。Complete the dialogues according to the given pictures.

A: _____学校要举行汉语演讲比赛,你知道吗?
B: 我_____。
A: 你_____。
B: 还没有。
A: _____是一个好机会,可以好好儿练习一下。
B: 那我们一起去_____。

A: 你汉语说得_____,音也发得_____。
B: 你_____比我流利。
A: 我的_____都不如你。
B: 我总是一边想_____,一边说,_____。
A: 要多_____。

65

📌 **语言点**　　　**Language Points**

> 学习下列语言点，并在"对话"中找到带★的句子。Learn the following language points and find the sentences with ★ in Dialogue.

**1.** 情态补语。**Complements of state.**

"情态补语"是指谓语（动词和形容词）之后，用"得"连接的补语，情态补语一般由形容词承担，对动作或状态所达到的状态、结果、程度进行描述、说明或评价。情态补语描述、说明或评价的动作或状态是经常性的、已经发生的或正在进行的。格式为"S＋V＋得＋C"。Complements of state are complements following the predicate (a verb or an adjective) connected by 得. Generally, the complements of state are adjectives, which describe, appraise or evaluate the state, result, and degree of the acts. The acts or the states this complement describes or appraises are usually day-to-day in character, or have already existed, or are in progress. It forms as "S＋V＋得＋C".

例 ① 他教得好不好？　② 他教得非常好。　③ 我说得不太好。

动词带宾语的结构为"S＋（V）＋O＋V＋得＋C"。需要注意的是动词带宾语的结构中第一个动词常常省略。When the verb has an object, it forms as "S＋（V）＋O＋V＋得＋C". Note: When the verb has an object, the first verb in this structure is often omitted.

例 ① ★ 你（说）汉语说得很流利。　② 他（学）汉语学得很好。

**2.** 比较句。**Comparative sentence.**

（1）"比"字句 The 比 sentence
① 当"A 比 B……"的谓语是形容词，格式为"A 比 B＋Adj"。需要注意的是形容词前边不能用"很""真""非常""特别""太"等副词。"A 比 B……"① The predicate is an adjective. Note: Adverbs such as 很, 真, 非常, 特别, 太 can not be used before the adjective.

例 ① 上海比北京大。　② 他的口语比我好。

② 当"A 比 B……"中动词带情态补语，格式为"A 比 B＋V＋得＋情态补语"或者"A＋V＋得＋比 B＋情态补语"。"A 比 B……"② The verb is used with a complement of state, it forms as "A 比 B＋V＋得＋complement of state" or "A＋V＋得＋比 B＋complement of state".

例 ① ★ 你汉语说得比我流利。　② 他比我说得好。

③ 如果要表达事物之间大概的差别时，常常在形容词后加"一点儿"表示差别很小。常常在形容词后加"多了"或"得多"表示差别很大。When talking about the approximate difference between two things or persons, 一点儿 is often used after the adjective to indicate a slight difference, while 多了 or 得多 is often used after the adjective to indicate that the difference is great.

例 ① 他汉语说得比我好一点儿。　② 你的口语比我好多了。

（2）"A 不如 B"表示比较 "A 不如 B" indicates the comparison

"A 不如 B"意思是"A 没有 B 好"。后边可以不加形容词，也可以加形容词"好"。"A 不如 B" indicates "A is not as good as B". Adjectives may not be used at the end of the sentence, or adjective 好 can be used at the end.

例 ★① 我的发音和声调都不如你。　② 这套房子不如那套好。

3. 一边……，一边…… **At the same time / simultaneously.**

关联副词"一边……，一边……"用在动词前，表示两种以上的动作同时进行。The connective adverbs "一边……, 一边……" are used before verbs to indicate two acts are proceeding at the same time.

例 ① ★我总是一边想发音，一边说。② 他喜欢一边听录音，一边读课文。③ 他一边喝咖啡，一边跟朋友聊天。

## 句型操练　Pattern Drills

朗读例句，再根据所给词语用句型造句。Read the sample sentences and make sentences with the words and sentence structures given.

**1** 你汉语说得很流利。
你……得很……

发音 准　　教汉语 好　　写汉字 好

**2** 你的口语比我好多了。
你的……比我好多了。

英语　　　　发音　　　　听力

**3** 我的发音和声调都不如你。
A 不如 B

说 流利　　　跑 快　　　发音 准

**4** 我总是一边想发音，一边说。
我总是一边……一边……

喝茶 聊天　吃饭 看电影　吃菜 喝汤

### 活动与扩展 Activities and Extension

#### 语音 Phonetics

**1.** 听录音，跟读比较 an 和 ang。**Listen to and read after the recording, compare the pronunciation between "an" and "ang".**

6-7

① bàn - bàng    ② dān - dāng    ③ fán - fáng    ④ wǎn - wǎng
⑤ yàn - yàng    ⑥ guān - guāng    ⑦ huán - huáng    ⑧ xiān - xiāng

Zhège chǎngzi shēngchǎn chǎnzi.
这个 厂子 生产 铲子。
This factory produces shovels.

**2.** 朗读句子。**Read the sentences aloud.**

6-8

① 你觉得说汉语难吗？    ② 我觉得发音和声调有点儿难。
③ 你汉语说得很流利，音也发得很准。
④ 我的发音和声调都不如你。    ⑤ 你的口语比我好多了。
⑥ 我总是一边想发音，一边说，说得特别慢。

#### 扩展 Extension

**1.** 听录音，看图学习关于课型的词语。**Listen to the recording and learn about different class types with the pictures.**

6-9

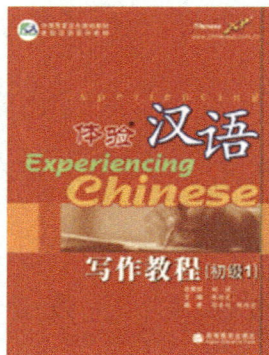

xiězuò kè
写作 课
writing class

wénhuà kè
文化 课
culture class

jīngmào kè
经贸 课
economic class

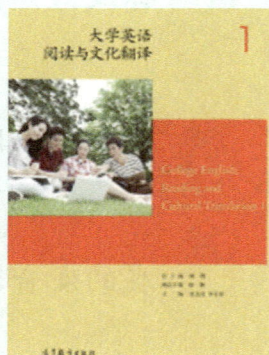

fānyì kè
翻译 课
translation class

**2.** 看图说一说他们在上什么课。再跟同学谈谈你最喜欢上什么课。Look at the pictures and talk about what other classes they are taking and tell your classmates what your favourite class is.

**实践任务 Real Task**

请你了解三位同学或朋友的汉语学习情况，并将调查情况写在表格中，跟同伴说一说。Please interview three classmates or friends about their Chinese learning progress. Take notes in the chart below and share with the class.

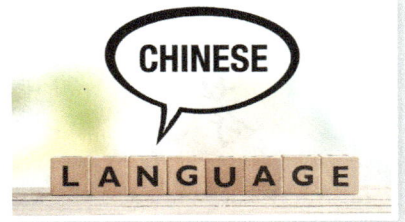

| 名字 | 学得好 | 学得不太好 |
|------|--------|-----------|
| 安德鲁 | 说得很流利 | 声调不太好 |
| 卡伦 | 口语，音发得很准 | 说得特别慢 |
|  |  |  |
|  |  |  |

## 汉字 Chinese Characters

**1.** 学习汉字偏旁，摹写汉字。Learn the radicals and copy the Chinese characters.

① 隹
zhuī zì páng
隹字旁

隹　隹　隹

难

难　难　难

フ 又 X′ 刘 欢 欢 欢 难 难 难

② 攵
fǎnwén páng
反文旁

攵　攵　攵

教

教　教　教

一 十 土 少 耂 考 孝 孝 教 教

数

数　数　数

丶 丷 ソ 丷 米 米 米 娄 娄 数 数 数

③ 耳
ěr zì páng
耳字旁

耳　耳　耳

取

取　取　取

一 「 丌 丌 耳 耳 取 取

**2.** 根据给出的偏旁和部件连线组字。**Match the given radicals and components to form the correct Chinese characters.**

佳　攵　耳

又　冫　孝　娄　卯　又

数　教　难　聊　取　准

文化 Culture

阅读短文，说说你现在的汉语水平怎么样，你想在一年内达到什么水平。**Read the following passage, talk about your current Chinese level. What level do you want to achieve in one year?**

Hànyǔ shuǐpíng yǔ yīngyòng
## 汉语　水平　与　应用
### Chinese Language Proficiency Levels

Our goals of learning Chinese are to master phonics, Chinese characters, vocabulary, grammar and knowledge related to Chinese language, and to practice four skills (listening, speaking, reading and writing) and foster communicative competence in Chinese. In general, if you master 600 Chinese words, you can communicate about daily life, study, and work. If you master 1200 Chinese words, you can use Chinese to discuss more topics and communicate with native Chinese people more fluently. If you master 2500 Chinese words, you can read Chinese newspapers and magazines, enjoy Chinese TV shows and use Chinese to deliver a speech. If you master 5000 Chinese words and above, you can easily understand the information from listening or reading and express your own opinion orally or in written form.

利用下面的表格，总结并评价一下自己对本课内容的掌握程度。Use the table below to assess your learning of this lesson.

| 完成学习以后，现在我能……<br>After completing this lesson, I am able to ... | 很好<br>☆ ☆ ☆<br>Good | 一般<br>☆ ☆<br>Average | 不好<br>☆<br>Bad |
|---|---|---|---|
| 用"比、不如"来比较人或事物<br>Use 比, 不如 to compare people, objects and things | | | |
| 谈论自己的汉语学习情况<br>Talk about my own Chinese learning progress | | | |
| 谈论别人的汉语学习情况<br>Talk about other people's Chinese learning progress | | | |
| 谈论自己的学习方法<br>Talk about my learning strategies | | | |
| 向别人请教学习方法<br>Ask people for advice of learning Chinese | | | |

**总结 Summary**

本课我记住的词语有 The words I've remembered are:

_____

本课我学会的句子有 The sentences I've learned are:

_____

我觉得还需要进一步掌握的是 I think that I need to improve:

_____

Nǐ kànjiàn wǒ de cídiǎn le méiyǒu
# 你 看见 我 的 词典 了 没有？
## Have you seen my dictionary?

## 学习目标　Objectives

1. 能够掌握查汉语词典的方法。Be able to know how to look up words in a dictionary.
2. 能够在找东西时，用汉语寻求别人的帮助。Be able to ask for help when looking for things.
3. 能够恰当地使用礼貌用语，学会用"把"字句请别人帮忙。Be able to ask for help using 把 structure in a culturally appropriate way.
4. 能够听懂别人的指令并提供帮助。Be able to understand instructions and provide assistance.

## 第一部分：谈学习方法　Part I: Talking About Learning Methods

### 热身 Warm-up

你会查汉语词典吗？你知道查词典有几种方法吗？ Do you know how to look it up in a Chinese dictionary? How many ways of looking something up in a dictionary do you know?

yīnxù chá zì fǎ
音序 查 字法
based on pinyin

bùshǒu chá zì fǎ
部首 查 字法
based on radical

bǐhuà chá zì fǎ
笔画 查 字法
based on stroke

diànzǐ zìdiǎn
电子 字典
electronic dictionary

### 词语 New Words

听录音，跟读学习词语。Listen to and read after the recording to learn new words.

7-1

| 1 | 2 | 3 | 4 |
|---|---|---|---|
| kànjiàn | cídiǎn | zhǎo | gàn |
| 看见 | 词典 | 找 | 干 |
| to see | dictionary | to look for something | to do |

| 5 | chá | 6 | cí | 7 | shēngcí | 8 | biǎo | 9 | ò |
|---|---|---|---|---|---|---|---|---|
| | 查 | | 词 | | 生词 | | 表 | | 哦 |
| | to look up | | word | | new word | | list | | (interjectory particle) |

| 10 | kuàngquánshuǐ | 11 | yìsi | 12 | gāngcái | 13 | wán | 14 | niàn |
|---|---|---|---|---|---|---|---|---|
| | 矿泉水 | | 意思 | | 刚才 | | 完 | | 念 |
| | mineral water | | meaning | | just now | | finished | | to read |

## 对话 Dialogue

**1.** 看视频，回答问题。Watch the video and answer the questions.

7-2

① Huìměi zài zhǎo shénme?
  惠美 在 找 什么？

② Kǎlún kànjiàn le ma?
  卡伦 看见 了 吗？

③ Huìměi zhǎo cídiǎn gàn shénme?
  惠美 找 词典 干 什么？

④ Huìměi xiǎng chá shénme cí?
  惠美 想 查 什么 词？

⑤ Kǎlún zěnme zhīdào zhège cí?
  卡伦 怎么 知道 这个 词？

**2.** 听录音，跟读对话。Listen to and read after the recording.

7-3

晚上，惠美和卡伦在公寓学习。
At night, Emi and Karen are studying in the apartment.

Huìměi: Kǎlún, nǐ kànjiàn wǒ de cídiǎn le méiyǒu?
惠美： 卡伦，你 看见 我 的 词典 了 没有？

Kǎlún: Méiyǒu. Nǐ zhǎo cídiǎn gàn shénme?
卡伦： 没有。你 找 词典 干 什么？

Huìměi: Wǒ xiǎng chá yí ge cí.
惠美： 我 想 查 一个 词。

Kǎlún: Shénme cí?
卡伦： 什么 词？

Huìměi: Liànxí lǐ de yí ge shēngcí, shēngcí biǎo lǐ méiyǒu.
惠美： 练习 里 的 一个 生词， 生词 表 里 没有。

Kǎlún: Wǒ kànkan. Ò, zhè shì "kuàngquánshuǐ".
卡伦： 我 看看。哦，这是 "矿 泉 水"。

Huìměi: Shénme yìsi?
惠美： 什么 意思？

Kǎlún: Jiùshì zhège, wǒ gāngcái hēwán yì píng.
卡伦： 就是 这个，我 刚才 喝完 一瓶。

Huìměi: Kuàng - quán - shuǐ, wǒ niànduì le ma?
惠美： 矿 —— 泉 ——水，我 念对 了吗？

Kǎlún: Niànduì le.
卡伦： 念对 了。

Huìměi: Nǐ zěnme zhīdào zhège cí?
惠美： 你 怎么 知道 这个 词？

Kǎlún: Gāngcái wǒ chále shǒujī, kàn zhèr, "kuàngquánshuǐ".
卡伦： 刚才 我 查了手机，看 这儿，" 矿 泉 水"。

**3.** 看图片，完成对话。**Complete the dialogues according to the given pictures.**

① A：你看见我的手机了没有？
B：＿＿＿＿？

② A：＿＿＿＿？
B：我查一个词。

③ A：＿＿＿＿。
B：我想知道"免费"是什么意思。

④ A：你怎么知道这个词？
B：＿＿＿＿。

---

🔖 **第二部分：看电视** Part II: Watching TV

**热身 Warm-up**

给下面的词语选择对应的图片。**Choose the correct picture for each given word.**

Ⓐ  Ⓑ

dǎkāi
1. 打开 ＿＿＿
   to open, to turn on

jiémù
2. 节目 ＿＿＿
   TV show

C

D

mén
3. 门 ____
door

lěng
4. 冷 ____
cold

## 词语 New Words

听录音，跟读学习词语。Listen to and read after the recording to learn new words.

7-4

| 1 jiémù 节目 TV show | 2 mǎshàng 马上 right away | 3 jiù yào 就要 about to | 4 kāishǐ 开始 to begin | 5 dǎkāi 打开 to open, to turn on |

| 6 lěng 冷 cold | 7 mén 门 door | 8 guān 关 to close | 9 nà 那 that | 10 jù 句 (measure word for sentences) |

| 11 huà 话 sentence | 12 tīng 听 to listen | 13 dǒng 懂 to understand | 14 xiàcì 下次 next time |

## 对话 Dialogue

1. 看视频，回答问题。Watch the video and answer the questions.

7-5

Kǎlún yào zuò shénme?
① 卡伦 要 做 什么？

Huìměi xǐwán yīfu le ma?
② 惠美 洗完 衣服 了 吗？

Huìměi shénme shíhou xǐ yīfu?
③ 惠美 什么 时候 洗 衣服？

Tāmen wèi shénme yào bǎ mén guānshàng?
④ 她们 为 什么 要 把 门 关上？

Tāmen tīngdǒng nà jù huà de yìsi le ma?
⑤ 她们 听懂 那 句 话 的 意思 了 吗？

2. 听录音，跟读对话。Listen to and read after the recording.

惠美和卡伦在公寓聊天。Emi and Karen are chatting in the apartment.

Kǎlún:　Zánmen xǐhuan de jiémù mǎshàng jiù yào kāishǐ le.
卡伦：　咱们　喜欢 的节目　马上　就要　开始 了。

Huìměi:　Wǒ hái méi xǐwán yīfu ne.
惠美：　我 还 没 洗完 衣服 呢。

Kǎlún:　Kànwán diànshì zài xǐ ba.
卡伦：　看完　电视 再 洗 吧。

Huìměi:　Hǎo. Kuài dǎkāi diànshì ba.
惠美：　好。 快 打开 电视 吧。

Kǎlún:　Fángjiān lǐ yǒudiǎnr lěng, bǎ mén guānshàng ba.
卡伦：　房间　里 有点儿 冷，把 门　关上　吧。

惠美和卡伦在看电视 Emi and Karen are watching TV.

Kǎlún:　Nà jù huà shì shénme yìsi? Wǒ méi tīngdǒng.
卡伦：　那 句 话 是 什么　意思? 我 没　听懂。

Huìměi:　Wǒ yě méi tīngdǒng. Xiàcì zánmen gēn Sūn Yuè yìqǐ kàn ba.
惠美：　我 也 没　听懂。 下次　咱们　跟 孙 月 一起 看 吧。

3. 看图片，完成对话。Complete the dialogues according to the given pictures.

A：咱们喜欢的节
目马上就要开
始了，_____？
B：我还没_____？
A：_____ 完 _____ 再
_____ 。
B：好。房间里_____，
_____ 。

A：那句话_____？
　　我没_____。
B：_____。
A：你看见_____？
B：没有，你找词典_____？
A：我想_____。

**语言点** **Language Points**

学习下列语言点，并在"对话"中找到带★的句子。Learn the following language points and find the sentences with ★ in Dialogue.

**1.** **结果补语。Complements of result.**

"结果补语"（Complements of Result，简称 CR）表示动作、变化的结果，由动词、形容词充当。本课中的"见""完""对""开""上""懂"可以放在动词后面作结果补语，表示动作的结果。格式为"S＋V＋CR＋O＋了"。Complements of result are verbs or adjectives, which indicate the result of an action or a change. In this lesson, 见, 完, 对, 开, 上, 懂 can be put after the verb functioning as complements of result to indicate the result of the actions. It forms as "S＋V＋CR＋O＋了".

例 ① 我念对了。 ② 我听懂了。 ③ 你打开电视吧。

否定形式："S＋没＋V＋结果补语＋O"。注意：句尾一定没有"了"。The negative form is "S＋没＋V＋CR＋O". Note: 了 is not used at the end of the sentence.

例 ① ★我还没洗完衣服呢。 ② 我没看见你的词典。

正反疑问句形式："S＋V＋结果补语＋O＋了没有？"The affirmative-negative question form is "S＋V＋CR＋O＋了没有?".

例 ① ★你看见我的词典了没有？ ② 你听懂了没有？

**2.** **就要……了。About to happen.**

用来表示某种情况即将发生。To express that something is about to happen.

例 ① 我们就要上课了。 ② 节目就要开始了。

用"就要……了"时，"就要"前边可以加时间状语，也可以加副词。When using "就要……了", temporal adverbial modifier or adverb can be placed before 就要.

例 ① ★咱们喜欢的节目马上就要开始了。
② 她明天就要来北京了。 ③ 我下个月就要回国了。

**3.** **"把"字句（2）。The 把 construction Ⅱ.**

介词"把"及其宾语作句中状语的句子叫"把"字句。"把"字句的动词后可加结果补语，表示对确定的人或物（即"把"的宾语）实施相应的动作而发生状态的变化。格式为"S＋把＋O＋V＋其他成分"。The 把 construction is one in which the preposition 把 and its object function together as an adverbial modifier. The 把 construction is used to show the act done upon someone or something of definite reference (the object of 把) and to indicate the result of the act, to make the object transposed or change its state. It forms as "S＋把＋O＋V＋other element".

例 ① 请把电视打开。　② ★把门关上吧。　③ 我把衣服洗完了。

"把"字句的否定形式："没"要放在"把"的前面。格式为"S＋没＋把＋O＋V＋其他成分"。The negative form of the 把 construction is "S＋没＋把＋O＋V＋other elements". 没 need to be placed before 把.

例 ① 他没把电视打开。　② 我没把窗户关上。　③ 我没把衣服洗完。

## 句型操练　Pattern Drills

朗读例句，再看图用句型造句。Read the sample sentences and make sentences with the pictures and sentence structures given.

**1** 你看见我的词典了没有？

你看见我的……了没有？

 铅笔
 护照
手机

**2** 我念对了吗？

……了吗？

 吃完
 写对
 听懂

**3** 咱们喜欢的节目马上就要开始了。

……就要……了。

 比赛
 上课
 吃饭

④ **请你把**门打开。

  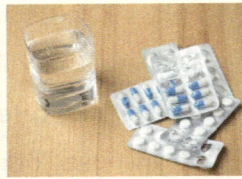

**请你把……**　　　　打开　电视　　洗完　衣服　　吃　药

## 活动与扩展　Activities and Extension

### 语音 Phonetics

**1.** 听录音，跟读比较 en 和 eng。Listen to and read after the recording, compare the pronunciation between "en" and "eng".

7-7

① fēn - fēng　② gēn - gēng　③ mén - méng　④ pén - péng

⑤ rén - réng　⑥ zhēn - zhēng　⑦ chén - chéng　⑧ shèn - shèng

Chángchéng de fēng zhēn dà.
长城　的　风　真　大。
The wind on the Great Wall is strong.

**2.** 朗读句子。Read the sentences aloud.

7-8

① 你看见我的词典了没有？　② 你找词典干什么？

③ 我想查一个词。　　　　　　④ 矿泉水，我念对了吗？

⑤ 你怎么知道这个词？　　　　⑥ 刚才我查了手机，看这儿，"矿泉水"。

### 扩展 Extension

**1.** 听录音，看图学习关于教材的词语。Listen to the recording and learn the words related to textbooks from the pictures.

7-9

cè
**册**
volume

dì-yī cè　　dì-èr cè　　dì-sān cè　　dì-sì cè
第一册　　　第二册　　　第三册　　　第四册
volume 1　　volume 2　　volume 3　　volume 4

yè
# 页
## page

dì-yī yè
## 第 一 页
page 1

dì-èr yè
## 第 二 页
page 2

dì-sān yè
## 第 三 页
page 3

dì-sì yè
## 第 四 页
page 4

**2.** 看图说一说他们学到哪儿了（第几册、第几页、第几课），再跟同学谈谈你现在学到哪儿了。

**Look at the pictures and tell which volume, which page and which lesson they are in. Share with your classmates about your learning progress.**

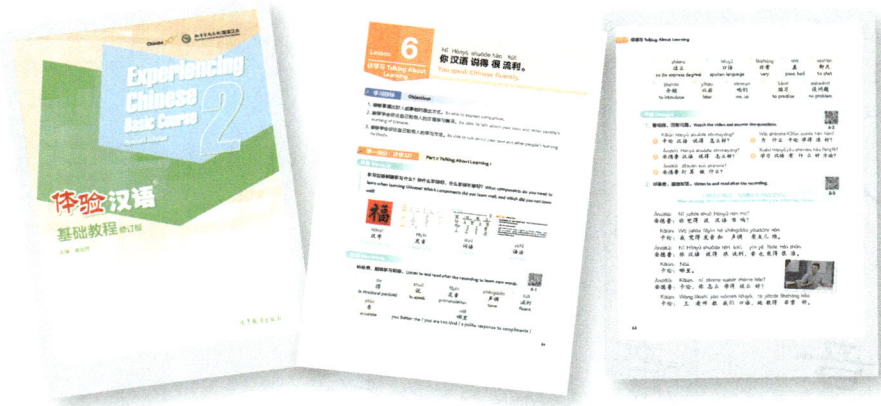

## 实践任务 Real Task

请你了解三位同学或朋友的学习生词的情况，并将调查情况写在表格中，跟同伴说一说。Please interview three classmates or friends about their progress of vocabulary learning. Take notes in the chart below and share with the class.

| 名字 | 生词 | 怎么学的 |
|---|---|---|
| 惠美 | 矿泉水 | 问卡伦 |
|  |  |  |
|  |  |  |
|  |  |  |

## 汉字 Chinese Characters

**1.** 学习汉字偏旁，摹写汉字。Learn the radicals and copy the Chinese characters.

① 月　月　月　月

yuè zì páng
月字旁

服　服　服　服
丿 几 月 月 月 朋 服 服

② 心　心　心　心

xīn zì dǐ
心字底

念　念　念　念
丿 人 人 今 今 念 念 念

意　意　意　意
丶 亠 立 立 产 音 音 音 音 意 意 意

③ 忄　忄　忄　忄

shù xīn páng
竖心旁

懂　懂　懂　懂
丶 丶 忄 忄 忄 忄 忄 忄 怵 惜 惜 惜 懂 懂

**2.** 根据给出的偏旁和部件连线组字。 **Match the given radicals and components to form the correct Chinese characters.**

月　　心　　忄

日　月　今　音　相　亡　夬　董　曼

念　想　明　快　朋　忙　慢　意　懂

**文化 Culture**

阅读短文，说说查汉语字典的使用方法，再跟同学谈一谈如果你遇到不认识的字，你一般怎么解决。 **Read the following passage, talk about the ways of looking something up in a Chinese dictionary. Share with your classmates what you normally do if you don't know a Chinese character.**

chá Hànyǔ zìdiǎn
## 查 汉语 字典
### Looking up Words in a Chinese Dictionary

There are a few ways of looking something up in a Chinese dictionary: based on the phonetic system, based on the radicals and based on the strokes.

The most common way is to look it up based on the phonetic system. It is based on the sequences of Chinese pinyin. You will use this method when you know how to pronounce the Chinese character and look it up for what the character looks like and its meaning. The process of looking characters up by using the phonetic system is as follows:

(1) Identify the first alphabet letter of the character's pinyin, and look for it according to *Chinese Pinyin Index.* For example, the first alphabet letter of 国 (guó) is G.

(2) If the first alphabet letter is the same, then use the second alphabet letter. If the first two are the same, then use the third one. In this way, find out what page the syllable is on, then go to that page to find the character that you are looking for.

(3) If the letters are the same, the dictionary will sort them out by tones. For example, there are four tones associated with guo: guō, guó, guǒ, guò, to look for 国, you need to find it in the second tone guó page.

Looking Chinese characters up in the dictionary using the phonetic system also has its limits. Firstly, you may don't know the pronunciation of the character. Secondly, maybe you are not familiar with the Chinese alphabet chart. Therefore, you need to look up words in the Chinese dictionary by other ways.

## 总结与评估　Summary and Assessment

利用下面的表格，总结并评价一下自己对本课内容的掌握程度。Use the table below to assess your learning of this lesson.

| 完成学习以后，现在我能……<br>After completing this lesson, I am able to … | 很好<br>☆☆☆<br>Good | 一般<br>☆☆<br>Average | 不好<br>☆<br>Bad |
|---|---|---|---|
| 掌握查汉语词典的方法<br>Master how to look up Chinese characters in a Chinese dictionary | | | |
| 在找东西时寻求他人的帮助<br>Ask for help when looking for things | | | |
| 用"把"字句请别人帮忙<br>Use 把 structure to ask for help | | | |
| 听懂别人的指令并提供帮助<br>Understand other's instructions and provide help | | | |

### 总结 Summary

本课我记住的词语有 The words I've remembered are :

_____

本课我学会的句子有 The sentences I've learned are :

_____

我觉得还需要进一步掌握的是 I think that I need to improve :

_____

# 8

## 谈比赛 Talking About Game

Bǐsài  háiyǒu bàn ge  xiǎoshí  cái  kāishǐ  ne.
### 比赛 还有 半个 小时 才 开始 呢。
**The game won't start in half an hour.**

---

### 学习目标　Objectives

1. 能够恰当地使用礼貌用语，学会表达谢意与歉意。Be able to express gratitude, give apologies in a culturally appropriate way and know suitable body language such as smiling and bowing.
2. 能够学会谈论自己和他人的爱好。Be able to talk about hobbies of your own and others.
3. 能够学会评价自己和他人的运动爱好。Be able to evaluate sports hobbies of your own and others.

### 第一部分：迟到　Part I: Being late

### 热身 Warm-up

你有什么爱好？你是从什么时候开始喜欢的？ **What hobbies do you have? When did you start to like them?**

| | | | |
|---|---|---|---|
| jiànshēn<br>健身<br>workout | kàn diànyǐng<br>看 电影<br>to watch movies | liàn shūfǎ<br>练 书法<br>to practice calligraphy | liàn wǔshù<br>练 武术<br>to practice martial arts |

### 词语 New Words

听录音，跟读学习词语。**Listen to and read after the recording to learn the vocabulary.**

8-1

| 1 | 2 | 3 | 4 | 5 |
|---|---|---|---|---|
| lùshang<br>路上<br>on the way | dǔchē<br>堵车<br>traffic jam | wǎn<br>晚<br>late | shíjiān<br>时间<br>time | fēnzhōng<br>分钟<br>minute |
| 6 | 7 | 8 | 9 | |
| píngshí<br>平时<br>in normal times | cái<br>才<br>later than expected | kāfēiguǎn<br>咖啡馆<br>coffee shop | kāfēi<br>咖啡<br>coffee | |

| 10 | 11 | 12 | 13 |
|---|---|---|---|
| è<br>饿<br>hungry | shùnbiàn<br>顺便<br>at one's convenience | bēi<br>杯<br>cup | kělè<br>可乐<br>cola |

| 专有<br>名词 | Màidāngláo<br>麦当劳　McDonald's |
|---|---|

### 对话 Dialogue

**1.** 看视频，回答问题。**Watch the video and answer the questions.**

8-2

① Mǎkè wèi shénme qù wǎn le?<br>马克 为 什么 去 晚 了？

② Cóng xuéxiào dào tǐyùguǎn píngshí duō cháng shíjiān néng dào?<br>从 学校 到 体育馆 平时 多 长 时间 能 到？

③ Jīntiān Mǎkè yòng le duō cháng shíjiān?<br>今天 马克 用 了 多 长 时间？

④ Bǐsài shénme shíhou kāishǐ?<br>比赛 什么 时候 开始？

⑤ Bǐsài kāishǐ qián, Mǎkè dǎsuàn zuò shénme?<br>比赛 开始 前，马克 打算 做 什么？

**2.** 听录音，跟读对话。**Listen to and read after the recording.**

8-3

卡伦和马克在体育馆门口。Karen and Mark are at the front door of the gym.

Mǎkè: Duìbuqǐ, lùshang dǔchē, wǒ lái wǎn le.<br>马克：对不起，路上 堵车，我 来 晚 了。

Kǎlún: Méi guānxi.<br>卡伦：没 关系。

Mǎkè: Nǐ děng wǒ hěn cháng shíjiān le ba?<br>马克：你 等 我 很 长 时间 了吧？

Kǎlún: Jiù děng le shíjǐ fēnzhōng.<br>卡伦：就 等 了十几 分钟。

Mǎkè: Cóng xuéxiào dào zhèr píngshí zhǐ yòng èrshí duō fēnzhōng jiù néng<br>马克：从 学校 到 这儿 平时 只 用 二十 多 分钟 就 能<br>dào, jīntiān yòng le yí ge duō xiǎoshí cái dào.<br>到，今天 用 了 一个 多 小时 才 到。

Kǎlún: Bǐsài háiyǒu bàn ge xiǎoshí cái kāishǐ ne.<br>卡伦：比赛 还有 半 个 小时 才 开始 呢。

比赛还有半个小时才开始呢。
The game won't start in half an hour.

Lesson **8**

Mǎkè: Qù pángbiān de kāfēiguǎn zuòzuo, yìbiān hē kāfēi yìbiān liáoliáotiān.
马克：去 旁边 的 咖啡馆 坐坐， 一边 喝 咖啡 一边 聊聊天。

Kǎlún: Wǒ yǒudiǎnr è le. Zánmen háishi qù lóuxià de Màidāngláo mǎi diǎnr
卡伦：我 有点儿 饿 了。 咱们 还是 去 楼下 的 麦当劳 买 点儿

chīde ba.
吃的 吧。

Mǎkè: Hǎo. Shùnbiàn mǎi liǎng bēi kělè.
马克：好。 顺便 买 两 杯 可乐。

**3.** 看图片，完成对话。**Complete the dialogues according to the given pictures.**

1
A：对不起，

_____。

B：_____。

2
A：_____？
B：就等了十几
分钟。

3
A：你从公寓到
教室用多长
时间？
B：_____。

4
A：咱们去
_____。
B：好，顺便
_____。

第二部分：谈足球比赛　　**Part II: Talking about the Soccer Game**

**热身 Warm-up**

给下面的词语选择对应的图片。**Choose the correct picture for each given word.**

A

B

C

D

bàng
**1.** 棒 _____
awesome

yíng
**3.** 赢 _____
win

cāochǎng
**2.** 操场 _____
playground

tī zúqiú
**4.** 踢 足球 _____
playing football

## 词语 New Words

听录音，跟读学习词语。Listen to and read after the recording to learn the vocabulary.

8-4

| | | | | |
|---|---|---|---|---|
| 1 chǎng 场 (measure word) | 2 jīngcǎi 精彩 wonderful, brilliant | 3 duì 队 team | 4 zhōngyú 终于 finally | 5 yíng 赢 to win |
| 6 zhùhè 祝贺 to congratulate | 7 zúqiú 足球 soccer | 8 tī 踢 to kick | 9 zhēn 真 really | 10 bàng 棒 awesome | 11 guòjiǎng 过奖 overpraise | 12 hǎo jǐ 好几 quite a few |
| 13 cóngxiǎo 从小 since a young age | 14 ài 爱 love | 15 búguò 不过 but | 16 qùnián 去年 last year | 17 cāochǎng 操场 playground |

## 对话 Dialogue

**1. 看视频，回答问题。Watch the video and answer the questions.**

8-5

1 Nà chǎng zúqiú bǐsài zěnmeyàng? Nǎ ge duì yíng le?
那 场 足球 比赛 怎么样？哪 个 队 赢 了？

2 Āndélǔ zúqiú tīde zěnmeyàng?
安德鲁 足球 踢得 怎么样？

3 Āndélǔ tī zúqiú tī le duō cháng shíjiān le?
安德鲁 踢 足球 踢 了 多 长 时间 了？

4 Mǎkè xǐhuan tī zúqiú ma? Tā tīde zěnmeyàng?
马克 喜欢 踢足球 吗？他 踢得 怎么样？

5 Yǐhòu tāmen liǎ dǎsuàn zuò shénme?
以后 他们 俩 打算 做 什么？

**2. 听录音，跟读对话。Listen to and read after the recording.**

8-6

马克和安德鲁谈足球比赛。Mark and Andrew are talking about the soccer game.

Mǎkè: Zhè chǎng bǐsài tài jīngcǎi le, nǐmen duì zhōngyú yíng le, zhùhè
马克： 这 场 比赛太 精彩 了，你们 队 终于 赢 了，祝贺
nǐmen!
你们！

Āndélǔ:    Xièxie! Wǒ yě tèbié gāoxìng.
安德鲁：  谢谢！我 也 特别 高兴。

Mǎkè:    Nǐ zúqiú tīde zhēn bàng!
马克：   你 足球 踢得 真 棒！

Āndélǔ:    Nǐ guòjiǎng le.
安德鲁：  你 过奖 了。

Mǎkè:    Nǐ tī le duō cháng shíjiān le?
马克：   你 踢 了 多 长 时间 了？

Āndélǔ:    Wǒ tī le hǎo jǐ nián le. Wǒ cóngxiǎo jiù ài tī zúqiú, búguò
安德鲁：  我 踢 了 好几 年 了。我 从小 就 爱 踢 足球，不过
         cóng qùnián cái kāishǐ cānjiā bǐsài.
         从 去年 才 开始 参加 比赛。

Mǎkè:    Wǒ yě xǐhuan tī zúqiú, dànshì tīde bù zěnmeyàng.
马克：   我 也 喜欢 踢 足球，但是 踢得 不 怎么样。

Āndélǔ:    Wǒ jīngcháng zài cāochǎng tī qiú. Yǐhòu zánmen yìqǐ liànxí ba.
安德鲁：  我 经常 在 操场 踢球。以后 咱们 一起 练习 吧。

Mǎkè:    hǎo a!
马克：   好 啊！

**3.** 看图片，完成对话。Complete the dialogue according to the given picture.

A：这场比赛_____，祝贺_____！
B：_____。
A：你_____真棒！
B：_____。
A：_____多长时间了？
B：_____。
A：我也_____，以后_____。
B：好啊！

89

> 学习下列语言点，并在"对话"中找到带★的句子。Learn the following language points and find the sentences with ★ in Dialogue.

**1.** 时量补语。**Complements of duration.**

时量补语（Complement of Duration，简称 CD）表示动作和状态持续的时间。询问时用"多长时间"。Complements of duration indicate the duration of an act or a state. The interrogative form is 多长时间.

动词不带宾语时的形式是"S＋V＋了＋CD"。If the verb doesn't have an object: "S＋V＋了＋CD".

例 你等我多长时间了？我等了十几分钟。

动词带宾语（包括离合词）时，表述为"S＋V＋O＋V＋了＋CD"，也可以表述为"S＋V＋了＋CD＋的＋O"。If the verb has an object (including a clutch word): "S＋V＋O＋V＋了＋CD" or "S＋V＋了＋CD＋的＋O".

例 我踢足球踢了十年了。/ 我踢了十年的足球。

动词所带宾语是人称代词时，表述为"S＋V＋了＋O（人称代词）＋CD"。If the object is a personal pronoun: "S＋V＋了＋O (personal pronouns)＋CD".

例 我等了你十几分钟。

如果所发生的动作仍在进行，要在句尾加"了"。If the action is still in progress, a 了 is needed at the end of the sentence.

例 我学了两年的汉语。（意思是"我现在不学汉语了"。）
我学了两年的汉语了。（意思是"我现在还在学汉语"。）

**2.** 从……到…… **From... to...**

"从＋开始地点或开始时间＋到＋结束地点或结束时间"，可以表示距离或时段。"从＋starting point of location or time＋到＋finishing point of location or time" may be used to indicate distance or duration of time.

例 ① 从我家到学校用二十多分钟就能到。
② 从八点到十点他们有课。

比赛还有半个小时才开始呢。
The game won't start in half an hour.

Lesson **8**

**3.** "就"和"才"作状语。就 and 才 as adverbial modifiers.

副词"就"和"才"都放在动词前面做状语。The adverbs 就 and 才 are used before verbs to function as adverbial modifiers.

（1）副词"就"表示事情发生得早、快、容易或进行得顺利。就 is used to suggest earliness, quickness and easiness of an act, or that something is going on smoothly.

（2）副词"才"表示事情发生得晚、慢、不容易或进行得不顺利。才 is used to indicate lateness, slowness or difficultness of an act, or that something is not going on smoothly.

例 ① 平时只用二十多分钟就能到。（平时很顺利。）
② 今天用了一个多小时才到。（今天不顺利。）

注意：有副词"就"的句尾常常用"了"，有副词"才"的句尾不带"了"。Note: The adverb 就 is often used with 了 at the end of the sentence, while 才 is not used with 了.

## 句型操练　Pattern Drills

朗读例句，再看图或根据所给词语造句。Read the sample sentences and make sentences with the words or pictures and sentence structures given.

**1** 你踢足球踢了多长时间了？

你 V……V 了多长时间了？

学　英语

吃　中药

租　房子

**2** 我踢了好几年了。

我 V 了……了。

两个多星期　　　两个多月　　　两年多

**3** 从我家到学校只用二十多分钟就能到。

从我家到……只用……就能到。

地铁站　15分钟

银行　　10分钟

超市　　30分钟

④ 从我**家到**学校一个多
  小时**才能到**。

**从我家到 + 地点 + 时间 +**
**才能到。**

医院　　　　体育馆　　　　理发店

## 活动与扩展　　Activities and Extension

### 语音 Phonetics

1. 听录音，跟读比较 in 和 ing。Listen to and read after the recording, compare the pronunciation between "in" and "ing".

8-7

① bīn - bīng　　② mín - míng　　③ nín - níng　　④ pín - píng
⑤ jīn - jīng　　⑥ qǐn - qǐng　　⑦ xìn - xìng　　⑧ yín - yíng

Zhōngguó rénmín
中国　人民
Chinese citizen

Zhōngguó rénmíng
中国　人名
Chinese names

2. 朗读句子。Read the sentences aloud.

8-8

① 你等我很长时间了吧?
② 从学校到这儿平时只用二十多分钟就能到，今天用了一个多小时才到。
③ 比赛还有半个小时才开始呢。　　④ 你足球踢得真棒!
⑤ 你踢了多长时间了?　　⑥ 我踢了好几年了。

### 扩展 Extension

1. 听录音，看图学习关于运动的词语。Listen to the recording and learn the words related to sports from the pictures.

8-9

yùndòng
运动
sports

dǎ páiqiú　　　　dǎ lánqiú　　　　dǎ gāoěrfūqiú　　　dǎ yǔmáoqiú
打 排球　　　　打 篮球　　　　打 高尔夫球　　　　打 羽毛球
to play volleyball　to play basketball　to play golf　to play badminton

比赛还有半个小时才开始呢。
The game won't start in half an hour.

Lesson **8**

| pǎobù | dǎ wǎngqiú | dǎ bàngqiú | huáxuě |
|---|---|---|---|
| 跑步 | 打 网球 | 打 棒球 | 滑雪 |
| to run | to play tennis | to play baseball | to ski |

**2.** 看图说一说他们在做什么运动，再跟同学说说你喜欢什么运动。Look at the pictures and talk about what sports they are playing. Tell your classmates about what sports you like to play.

**实践任务 Real Task**

请你了解三位同学或朋友的运动的情况，并将调查情况写在表格中，跟同伴说一说。Please interview three classmates or friends about sports. Take notes in the chart below and share with the class.

| 名字 | 喜欢的运动项目 | 句子 |
|---|---|---|
| 安德鲁 | 踢足球 | 安德鲁踢足球踢了好几年了。 |
|  |  |  |
|  |  |  |
|  |  |  |

## 汉字 Chinese Characters

**1.** 学习汉字偏旁，摹写汉字。Learn the radicals and copy the Chinese characters.

① 阝 阝 阝 阝

shuāng'ěr dāo
双耳 刀

队 队 队 队
阝 阝 队 队

那 那 那 那
フ ヲ ヲ 尹 那 那

② 𧾷 𧾷 𧾷 𧾷

zú zì páng
足字旁

踢 踢 踢 踢
丶 ⼝ ⼞ ⾜ ⾜ ⾜ ⾜ ⾜ ⾜ ⾜ ⾜ 踢 踢

③ 礻 礻 礻 礻

shì zì páng
示字旁

祝 祝 祝 祝
丶 ヲ 礻 礻 礻 礻 祝 祝

**2.** 根据给出的偏旁和部件连线组字。**Match the given radicals and components to form the correct Chinese characters.**

阝　　足　　礻

完　付　音　者　艮　各　易　兄　见

院　踢　视　附　路　祝　陪　跟　都

**文化 Culture**

阅读短文，说说在你们的国家有没有跟中国功夫类似的运动。比较一下两者之间的相同点和不同点。**Read the following passage and share with the class whether your country has sports that are similar to Chinese martial arts. Compare and contrast the similarities and differences.**

Zhōngguó gōngfu
## 中国 功夫
### Chinese Kung Fu

Chinese Kung Fu, also known as Chinese traditional martial arts, is the heirloom of the Han ethic group and is a representation of Chinese traditional culture. It pays attention to both strength and softness, internal and external. It also pays attention to strength and beauty in the form and has a profound understanding of life and the universe. It is a valuable cultural heritage accumulated by the Chinese people over a long time.

Chinese Kung Fu are not only fighting skills, but also a spirit culture. Chinese Kung Fu can help you pacify the country, purify your mind and protect yourself from harm. Chinese Kung Fu also have a wide influence in the world. There are a lot of Chinese Kung Fu themed movies worldwide and other Chinese martial arts forms like Shaolin, Tai Chi and Wing Chun are also world renowned.

### 总结与评估　Summary and Assessment

利用下面的表格，总结并评价一下自己对本课内容的掌握程度。Use the table below to assess your learning of this lesson.

| 完成学习以后，现在我能……<br>After learning this lesson, I am able to … | 很好<br>☆ ☆ ☆<br>Good | 一般<br>☆ ☆<br>Average | 不好<br>☆<br>Bad |
|---|---|---|---|
| 表达对别人的谢意<br>Express gratitude | | | |
| 表达对别人的歉意<br>Give an apology to others | | | |
| 介绍自己的爱好<br>Introduce my hobbies | | | |
| 介绍朋友的爱好<br>Introduces my friend's hobbies | | | |
| 评价自己对某件事情的爱好程度<br>Evaluate my fondness level of something | | | |
| 评价朋友对某件事情的爱好程度<br>Evaluate my friend's fondness level of something | | | |

### 总结 Summary

本课我记住的词语有 The words I've remembered are:

_____

本课我学会的句子有 The sentences I've learned are:

_____

我觉得还需要进一步掌握的是 I think that I need to improve:

_____

# Lesson 9

**想家 Being Homesick**

Wǒ zuìjìn yuèláiyuè xiǎng jiā le.
## 我 最近 越来越 想 家 了。
**Recently I miss home more and more.**

### 学习目标 Objectives

1. 能够谈论约会的时间、地点。Be able to talk about a time and place for a date.
2. 能够学会描述自己的心情以及关心别人。Be able to describe your own emotions and care about others.
3. 能够学会谈论日程安排。Be able to talk about schedule.

### 第一部分：想家  Part I: Being Homesick

### 热身 Warm-up

你心情不好时做些什么能让心情变好？ **What do you do to lighten up your mood when you are not happy?**

guàngjiē
逛街
to go shopping

tīng yīnyuè
听 音乐
to listen to music

gēn péngyou liáotiān
跟 朋友 聊天
to chat with friends

yùndòng
运动
to do sports

### 词语 New Words

听录音，跟读学习词语。**Listen to and read after the recording to learn new words.**

9-1

1 lóushàng
楼上
upstairs

2 xiàqu
下去
to go down away from the speaker

3 xiàlai
下来
to go down towards the speaker

4 shàngqu
上去
to go up

5 ānjìng
安静
quiet

6 hóng
红
red

| 7 dǎ diànhuà | 8 shíhou | 9 kū | 10 xiǎngjiā | 11 yuèláiyuè |
|---|---|---|---|---|
| 打 电话 | 时候 | 哭 | 想家 | 越来越…… |
| to make a phone call | when | to cry | homesick | more and more... |

| 12 fàngjià | 13 fēijī | 14 huí | 15 děi | 16 zǎo | 17 dìng | 18 piào |
|---|---|---|---|---|---|---|
| 放假 | 飞机 | 回 | 得 | 早 | 订 | 票 |
| to have a holiday | plane | to return | ought to | early | to book | ticket |

## 对话 Dialogue

**1.** 看视频，回答问题。Watch the video and answer the questions.

9-2

Mǎkè dào kāfēiguǎn de shíhou, Kǎlún zài nǎr?
① 马克 到 咖啡馆 的 时候，卡伦 在 哪儿？

Tāmen wèi shénme zài lóushàng liáotiān?
② 他们 为 什么 在 楼上 聊天？

Kǎlún de yǎnjing zěnme le?
③ 卡伦 的 眼睛 怎么 了？

Kǎlún shì bu shì xiǎngjiā le?
④ 卡伦 是 不 是 想家 了？

Tāmen dǎsuàn shénme shíhou huíjiā?
⑤ 他们 打算 什么 时候 回家？

**2.** 听录音，跟读对话。Listen to and read after the recording.

9-3

卡伦在咖啡馆等马克。Karen is waiting for Mark at a coffee shop.

Mǎkè: Wǒ dào kāfēiguǎn le, nǐ zài nǎr ne?
马克：我 到 咖啡馆 了，你 在 哪儿 呢？

Kǎlún: Wǒ zài lóushàng ne. Nǐ děng yíxià, wǒ mǎshàng jiù xiàqu.
卡伦：我 在 楼上 呢。你 等 一下，我 马上 就 下去。

Mǎkè: Nǐ bié xiàlai le, wǒ shàngqu ba. Lóushàng ānjìng.
马克：你 别 下来 了，我 上去 吧。 楼上 安静。

卡伦和马克在咖啡馆二层聊天。
Karen and Mark are chatting at the second floor of a coffee shop.

Mǎkè: Nǐ de yǎnjing yǒudiǎnr hóng, zuótiān wǎnshang méi shuìhǎo ma?
马克：你 的 眼睛 有点儿 红， 昨天 晚上 没 睡好 吗？

Kǎlún: Bú shì, gāngcái wǒ gěi māma dǎ diànhuà de shíhou kū le.
卡伦：不 是， 刚才 我 给 妈妈 打 电话 的 时候 哭 了。

Mǎkè:　Shì bu shì xiǎngjiā le?
马克：是 不 是　想家　了？

Kǎlún:　Shì a,　wǒ yuèláiyuè xiǎngjiā le.
卡伦：是 啊，我 越来越　想家　了。

Mǎkè:　Mǎshàng jiù yào fàngjià le,　yí fàngjià jiù kěyǐ zuò fēijī huíjiā le.
马克：马上　就要 放假 了，一 放假 就 可以 坐 飞机 回家 了。

Kǎlún:　Zánmen děi zǎo diǎnr dìng piào, hái kěyǐ dǎzhé.
卡伦：咱们　得 早点儿 订 票，还 可以 打折。

**3.** 看图片，完成对话。**Complete the dialogues according to the given pictures.**

1

A：我到了，你在哪儿呢？

B：_____？

2

A：_____。

B：好，我马上就下来。

3

A：你的眼睛有点儿红，昨天晚上没睡好吗？

B：_____。

4

A：马上就要放假了。

B：是啊，一放假_____。

第二部分：谈学习3　　**Part II: Talking About Learning 3**

热身 Warm-up

给下面的词语选择对应的图片。**Choose the correct picture for each given word.**

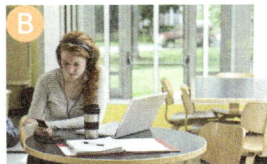

A　九月 **20** 星期六

B

C

D

Hànzì
1. 汉字 ____
Chinese character

zhōumò
3. 周末 ____
weekend

fùxí
2. 复习 ____
to review

tīnglì
4. 听力 ____
listening

## 词语 New Words

听录音，跟读学习词语。**Listen to and read after the recording to learn new words.**

9-4

| 1 zuìjìn 最近 recently | 2 máng 忙 busy | 3 sǐ 死 (an adverb to express intensity) | 4 zōnghé 综合 comprehensive |

| 5 tīnglì 听力 listening | 6 yuèdú 阅读 reading | 7 lìshǐ 历史 history | 8 měi 每 every | 9 jié 节 (a measure word for class) |

| 10 chúle……yǐwài 除了……以外 except for | 11 zhōumò 周末 weekend | 12 bǐjiào 比较 comparatively | 13 Hànzì 汉字 Chinese character |

| 14 zuòyè 作业 homework | 15 xiě 写 to write | 16 búcuò 不错 not bad | 17 fùxí 复习 to review |

## 对话 Dialogue

**1.** 看视频，回答问题。**Watch the video and answer the questions.**

9-5

① Mǎkè zuìjìn máng ma?
马克 最近 忙 吗?

② Mǎkè dōu yǒu shénme kè?
马克 都 有 什么 课?

③ Mǎkè zhōumò yǒu Hànyǔ kè ma?
马克 周末 有 汉语 课 吗?

④ Mǎkè juéde Hànyǔ nán ma?
马克 觉得 汉语 难 吗?

⑤ Zěnme cái néng bǎ Hànzì xué hǎo?
怎么 才 能 把 汉字 学 好?

**2.** 听录音，跟读对话。**Listen to and read after the recording.**

9-6

孙月和马克谈汉语学习。**Sun Yue and Mark are talking about learning Chinese.**

Sūn Yuè: Mǎkè, hǎojiǔ bú jiàn, nǐ zuìjìn máng ma?
孙 月: 马克，好久 不 见，你 最近 忙 吗?

Mǎkè: Mángsǐ le, wǒmen de kè hěn duō.
马克: 忙死 了，我们 的 课 很 多。

Sūn Yuè: Nǐmen dōu yǒu shénme kè?
孙 月: 你们 都 有 什么 课?

我 最 近 越 来 越 想 家 了。
Recently I miss home more and more.

Lesson 9

Mǎkè: Zōnghé, tīnglì, yuèdú, kǒuyǔ, duì le, háiyǒu lìshǐ hé wénhuà kè.
马克： 综合、听力、阅读、口语，对了，还有 历史 和 文化 课。

Sūn Yuè: Nǐmen měi ge xīngqī yǒu duōshao jié kè?
孙 月： 你们 每 个 星期 有 多少 节课?

Mǎkè: Èrshí jié. Chúle zhōumò yǐwài, měitiān dōu yǒu kè.
马克： 20 节。除了 周末 以外，每天 都 有 课。

Sūn Yuè: Nǐ juéde xué Hànyǔ nán ma?
孙 月： 你 觉得 学 汉语 难 吗?

Mǎkè: Bǐjiào nán, tèbié shì Hànzì, nǐ kàn, zhè shì wǒ de zuòyè.
马克： 比较 难，特别 是 汉字，你 看，这 是 我 的 作业。

Sūn Yuè: Nǐ Hànzì xiěde búcuò.
孙 月： 你 汉字 写 得 不错。

Mǎkè: Nǎli. Wǒmen xué de Hànzì yuèláiyuè duō, wǒ jīngcháng wàng.
马克： 哪里。 我们 学 的 汉字 越来越 多，我 经常 忘。

Sūn Yuè: Nǐ yīnggāi jīngcháng fùxí.
孙 月： 你 应该 经常 复习。

**3.** 看图片，完成对话。Complete the dialogues according to the given pictures.

A：好久不见，
_____?

B：_____，我们的课很多。

A：你们都有_____。

B：_____。

A：你们每个星期_____?

B：_____。

A：你学汉语学了_____?

B：_____。

A：你觉得_____?

B：_____。

A：你汉字写得_____。

B：_____。

## 语言点　　　**Language Points**

学习下列语言点，并在"对话"中找到带★的句子。Learn the following language points and find the sentences with ★ in Dialogue.

**1.** 简单趋向补语（1）。**Simple complements of direction I.**

"动词＋来／去"，表示动作的方向，汉语里叫简单趋向补语。表示朝着说话人或所谈事物的方向时用"来"，表示背着说话人或所谈事物的方向时用"去"。Verbs are used with 来 or 去 to indicate the direction of an act. In Chinese, this is called simple complements of direction. If an act is occurring in the direction of (towards) the speaker or something being referred to, 来 is used; in the opposite, 去 is used.

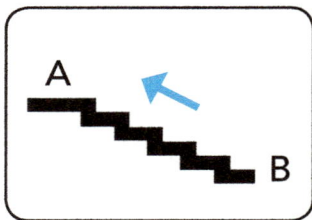

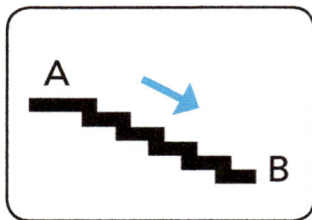

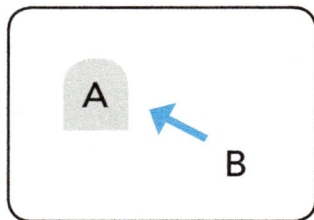

A：上来吧。　　　　　B：下来吧。　　　　　A：进来吧。

B：好，我上去。　　　A：好，我下去。　　　B：好，我进去。

例 ① ★我马上就下去。　② ★你别下来了，我上去吧。

**2.** 越来越…… **More and more...**

表示事物的程度随时间的变化而变化，后边常常跟形容词或心理动词。It expresses change in the degree of things with the progression of time, and is often followed by an adjective or a verb.

例 ① ★我们学的汉字越来越多。　② 他汉语说得越来越流利了。
③ 我越来越喜欢学汉语了。

**3.** 除了……以外，……都／还…… **Except for... / Besides ...**

（1）"除了……以外，都……"表示排除特别的人或事物，强调其他一致的情况。"以外"可以省略。"除了……以外，都……" emphasizes that a group of people or things share something in common, excluding the noted exception. 以外 can be omitted.

BCD…＋Ⓐ

**例** ① 除了马克以外，别的同学都来了。

② ★除了周末以外，（我们）每天都有课。

③ 除了他以外，别的学生我都不认识。

（2）"除了……以外，还……"表示排除已知的信息，补充其他内容。"以外"可以省略。"除了……以外, 还……" means besides or in addition to. When followed by 还 (also, too, as well), it indicates inclusiveness of the content inserted between 除了 and 以外 .

$$\left( A \right) + \ B\,C\,D\cdots \longrightarrow 除了A以外，B还……$$

**例** ① 除了踢足球以外，我还喜欢游泳、跑步什么的。

② 除了牛奶以外，我还想买可乐。

③ 除了口语课，我们还有语法课、听力课、阅读课。

## 句型操练　**Pattern Drills**

**朗读例句，再看图或根据所给词语用句型造句。Read the sample sentences and make sentences with the words or pictures and sentence structures given.**

**①** 你等一下，我马上就下去。

　你等一下，我……

上去　　　　上来　　　　下来

**②** 我们学的汉字越来越多，我经常忘。

　……越来越＋Adj/V

汉字 难　　看的汉语书 多　　喜欢学习汉语

**③** 除了周末以外，我们每天都有课。

　除了……以外，……都……

安德鲁　　　　　阅读课　　　　　踢足球
我们班同学　　　别的课　　　　　别的运动
来了　　　　　　不难　　　　　　不喜欢

 **活动与扩展** **Activities and Extension**

**语音 Phonetics**

**1.** 听录音，跟读比较声调。**Listen to and read after the recording, compare the tones.**

9-7

① mā - ma   ② yé - ye   ③ nǎi - nai   ④ bà - ba

⑤ chū - chú   ⑥ dōng - dǒng   ⑦ bāng - bàng   ⑧ jié - jiě

⑨ chá - chà   ⑩ dǎ - dà

Nà kē sōngshù shàng yǒu yì zhī xiǎo sōngshǔ.
那 棵 松树 上 有 一 只 小 松鼠。
There is a little squirrel on that pine tree.

**2.** 朗读句子。**Read the sentences aloud.**

9-8

① 我在楼上呢。你等一下，我马上就下去。

② 你的眼睛有点儿红，昨天晚上没睡好吗？

③ 我给妈妈打电话的时候哭了，我越来越想家了。

④ 马上就要放假了，一放假就可以坐飞机回家了。

⑤ 除了周末以外，每天都有课。

⑥ 我们学的汉字越来越多，我经常忘。

**扩展 Extension**

**1.** 听录音，看图学习关于"逛"的短语。**Listen to the recording and learn the words related to 逛 with the pictures.**

9-9

guàng
逛
stroll

| guàng hútòng | guàng shāngchǎng | guàng gōngyuán | guàng shìchǎng |
| 逛 胡同 | 逛 商场 | 逛 公园 | 逛 市场 |
| to take a stroll in the hutong | to shop in the mall | to have a walk in the park | to shop in the market |

**2.** 看图说一说他们在逛什么地方。再跟同学说说周末你想去哪儿逛一逛。Look at the pictures and talk about where they are. Share with your classmates about where you want to go on the weekends.

### 实践任务 Real Task

请你了解三位同学或朋友最近的心情怎么样，并将情况写在表格中。跟同伴说一说如果心情不好时，你会怎么做。Please interview three classmates or friends about how they are doing lately. Take notes in the chart below and share with your friends what you will do if you are not in the mood.

| 名字 | 怎么了 | 为什么心情不好 | 怎么让心情变好 |
|------|--------|----------------|------------------|
| 卡伦 | 哭了 | 想家 | 马上就要放假了，一放假就回国。 |
|  |  |  |  |
|  |  |  |  |

## 汉字 Chinese Characters

**1.** 学习汉字笔画，摹写汉字。Learn the stroke and copy the Chinese character.

héng zhé xié gōu
横 折 斜 钩

飞
乁飞飞

**2.** 学习汉字偏旁，摹写汉字。Learn the radicals and copy the Chinese characters.

① 车
chē zì páng
车字旁

较
一 十 车 车 车 轩 轩 轩 轩 较 较

② 夕
xī zì páng
夕字旁

多
ノ ク 夕 夕 多 多

③ 西
xī zì tóu
西字头

票
一 厂 厅 西 西 西 罗 票 票 票

我最近越来越想家了。
Recently I miss home more and more.

Lesson **9**

**2.** 根据给出的偏旁和部件连线组字。Match the given radicals and components to form the correct Chinese characters.

车　　　夕　　　西

交　俞　夕　口　女　示

名　较　要　多　输　票

文化 Culture

阅读短文，说说你知道的学习汉语的好方法，再比较一下你的母语和汉语的相同点和不同点。
Read the following passage, talk about good ways of learning Chinese from your knowledge. Compare and contrast the similarities and differences between Chinese language and your first language.

xuéxí Hànyǔ de fāngfǎ
**学习 汉语 的 方法**
**Ways of Learning Chinese language**

　　If you want to learn Chinese language well, you need to study before class and find out the difficult and important points of the lesson. During class, you need to pay close attention to the teacher and participate actively. After class, you need to review on time. It is recommended to review for a couple times in order to remember the content better.

　　Besides learning Chinese in class, you should also take the opportunity to study after class to improve your Chinese faster and faster. After class, besides talking to Chinese friends, it is better to have a language partner who speaks Chinese. In this way, you can ask your language partner questions whenever you have one. Listening to Chinese songs or recordings is a good way to practice listening skills. You can also try to watch Chinese TV shows or movies, especially those with subtitles. In this way, you can figure out their general ideas. When you are watching a movie, you can also write down the new vocabulary to ask a teacher or your language partner afterwards.

　　There are many ways of learning Chinese. No matter which language you are learning, the most important thing is to listen more, speak more and practice more. We need to apply the knowledge that we learn in class to real life in order to master Chinese language better. Of course, the best way to learn Chinese language is studying in China. It is easier to comprehend and master a language in the target language environment.

## 总结与评估　Summary and Assessment

利用下面的表格，总结并评价一下自己对本课内容的掌握程度。Use the table below to assess your learning of this lesson.

| 完成学习以后，现在我能……<br>After completing this lesson, I am able to ... | 很好<br>☆☆☆<br>Good | 一般<br>☆☆<br>Average | 不好<br>☆<br>Bad |
|---|---|---|---|
| 谈论约会的时间、地点<br>Talk about appointment time and place | | | |
| 描述自己的心情<br>Talk about how I feel | | | |
| 关心朋友或同学的心情<br>Care about friends or classmates' feelings | | | |
| 谈论自己的课程安排<br>Talk about my class schedule | | | |
| 谈论自己的生活和学习情况<br>Talk about my life and study | | | |

### 总结 Summary

本课我记住的词语有 The words I've remembered are:

_____

本课我学会的句子有 The sentences I've learned are:

_____

我觉得还需要进一步掌握的是 I think that I need to improve:

_____

Cèyàn
## 测验
Test

🎧 扫描右侧二维码，获取听力音频。Scan the OR code on the right side to get the
listening recordings.

**10-1**

# 一、听 力

## 第 一 部 分

第 1–10 题

| 例 |  | √ |  | × |

| ①  | _____ | ②  | _____ |
| ③  | _____ | ④  | _____ |
| ⑤  | _____ | ⑥  | _____ |

⑦  _____

⑧  _____

⑨  _____

⑩  _____

# 第 二 部 分

第 1–15 题

 A

 B

 C

 D

 E

 F

Nǐ xǐhuan shénme yùndòng?
例 男：你喜欢 什么 运动？

Wǒ zuì xǐhuān tī zúqiú.
女：我 最 喜欢 踢 足球。 D

⑪ _____  ⑫ _____  ⑬ _____  ⑭ _____  ⑮ _____

110

第 16–20 题

16 _____   17 _____   18 _____   19 _____   20 _____

第 三 部 分

第 21–30 题

例 男： Xiǎo Wáng, zhèli yǒu jǐ ge bēizi, nǎge shì nǐ de?
小 王，这里 有 几 个 杯子，哪个 是 你 的？

女： Zuǒbian nàge hóngsè de shì wǒ de.
左边 那个 红色 的 是 我 的。

问： Xiǎo wáng de bēizi shì shénme yánsè de?
小 王 的 杯子 是 什么 颜色 的？

A hóngsè 红色 ✓   B hēisè 黑色   C báisè 白色

21 A 1:50   B 7:50   C 7:05

22 A shāngdiàn 商店   B yīyuàn 医院   C xuéxiào 学校

23 A cài 菜   B kělè 可乐   C mǐfàn 米饭

24 A 9 fēnzhōng 分钟   B 5 fēnzhōng 分钟   C 15 fēnzhōng 分钟

25 A gāo yìdiǎnr 高 一点儿   B xiǎo yìdiǎnr 小 一点儿   C dà yìdiǎnr 大 一点儿

26 A 太忙了 _tài máng le_　　B 太累了 _tài lèi le_　　C 太晚了 _tài wǎn le_

27 A 2019 年 _nián_　　B 2018 年 _nián_　　C 2020 年 _nián_

28 A 很便宜 _hěn piányi_　　B 颜色好 _yánsè hǎo_　　C 颜色不好 _yánsè bù hǎo_

29 A 7 月 8 号 _yuè hào_　　B 8 月 7 号 _yuè hào_　　C 7 月 18 号 _yuè hào_

30 A 游泳 _yóuyǒng_　　B 打篮球 _dǎ lánqiú_　　C 踢足球 _tī zúqiú_

# 第 四 部 分

第 31-35 题

例 女：请 在 这儿 写 您 的 名字。
_Qǐng zài zhèr xiě nín de míngzi._

男：是 这儿 吗？
_Shì zhèr ma?_

女：不 是，是 这儿。
_Bú shì, shì zhèr._

男：好，谢谢。
_Hǎo, xièxie._

问：男的 要 写 什么？
_Nánde yào xiě shénme?_

A 名字 _míngzi_ √　　B 时间 _shíjiān_　　C 房间 号 _fángjiān hào_

31 A 很 好 _hěn hǎo_　　B 不 太 好 _bú tài hǎo_　　C 不 会 说 _bú huì shuō_

32 A 多 吃 水果 _duō chī shuǐguǒ_　　B 不 吃饭 _bù chīfàn_　　C 多 运动 _duō yùndòng_

33 A 268 元 _yuán_　　B 2680 元 _yuán_　　C 26800 元 _yuán_

34 A 医生 _yīshēng_　　B 运动员 _yùndòngyuán_　　C 老师 _lǎoshī_

35 A 面条儿 _miàntiáor_　　B 包子 _bāozi_　　C 饺子 _jiǎozi_

# 二、阅　读

## 第　一　部　分

第 36–40 题

例　Měi ge xīngqīliù,　wǒ dōu qù dǎ lánqiú.
每个 星期六，我 都 去 打 篮球。　　　　　　　　　D

36　Nǐ bāng wǒ kàn yíxià,　zhè sān ge zì zěnme niàn?
你 帮 我 看 一下，这 三 个 字 怎么 念？　　　　　□

37　Gǎnmào le jiù bié qù shàngkè le,　zàijiā xiūxi ba.
感冒 了 就 别 去 上课 了，在家 休息 吧。　　　　□

38　Jǐ diǎn le?　nǐ zěnme hái méi dào?
几 点 了？ 你 怎么 还 没 到？　　　　　　　　　□

39　Lèi le ba?　lái,　hē bēi kāfēi.
累 了 吧？ 来，喝 杯 咖啡。　　　　　　　　　　□

40　Kuài kǎoshì le,　tóngxuémen dōu zài xuéxí ne.
快 考试 了，同学们 都 在 学习 呢。　　　　　　　□

## 第　二　部　分

第 41–45 题

A 开始 kāishǐ　　B 但是 dànshì　　C 旁边 pángbiān　　D 完 wán　　E 贵 guì　　F 再 zài

例
Zhèr de yángròu hěn hǎochī, dànshì yě hěn
这儿 的 羊肉 很 好吃，但是 也 很 （ E ）。

41
Chī         zǎofàn jiù qù shàngkè ba.
吃 （       ）早饭 就 去 上课 吧。

42
Duìbuqǐ, wǒ méi tīngdǒng nǐ de yìsi, nǐ néng         shuō yí biàn ma?
对不起，我 没 听懂 你 的 意思，你 能 （       ）说 一 遍 吗？

43
Wǒ zhīdào nà wèi lǎoshī xìng Wáng,         bù zhīdào tā jiào shénme míngzi.
我 知道 那 位 老师 姓 王，（       ）不 知道 她 叫 什么 名字。

44
Nǐ míngtiān shàngwǔ jǐ diǎn         kǎoshì?
女：你 明天 上午 几 点 （       ）考试？

diǎn, kǎo liǎng ge xiǎoshí.
男：9点，考 两 个 小时。

45
Hái yào zǒu duō yuǎn?
女：还 要 走 多 远？

Kuài dào le, jiù zài qiánmiàn nàge chāoshì
男：快 到 了，就 在 前面 那个 超市 （       ）。

第 三 部 分

第46-50题

例
Xiànzài shì 11 diǎn 30 fēn, tāmen yǐjīng yóule 20 fēnzhōng le.
现在 是 11 点 30 分，他们 已经 游了 20 分钟 了。

★
Tāmen 11 diǎn 10 fēn kāishǐ yóuyǒng.
他们 11 点 10 分 开始 游泳。                                    （ √ ）

Wǒ huì tiàowǔ, dàn tiàode bù zěnmeyàng.
我 会 跳舞，但 跳得 不 怎么样。

★
Tā tiàode fēicháng hǎo.
她 跳得 非常 好。                                              （ × ）

46
Wǒmen zhù de bīnguǎn lí jīchǎng hěn jìn, suǒyǐ míngtiān zǎoshang kěyǐ wǎn diǎnr qǐchuáng.
我们 住 的 宾馆 离 机场 很 近，所以 明天 早上 可以 晚 点儿 起床。

★
Tāmen míngtiān yào zǎoqǐ.
他们 明天 要 早起。 （       ）

47
Zhè jiàn yīfu shì wǒ zài lùbiān de xiǎodiàn mǎi de, bǐ shāngchǎng lǐ de piányi, kànzhe yě
这件 衣服 是 我 在 路边 的 小店 买 的，比 商场 里 的 便宜，看着 也

búcuò.
不错。

Yīfu shì zài shāngchǎng lǐ mǎi de.
★ 衣服 是 在　商场　里 买 的。(　　　)

**48** Zhè jiā fànguǎnr suīrán bú dà, dàn yīnwèi hěn gānjìng, cài yě hěn hǎochī, suǒyǐ měitiān lái
这 家 饭馆儿 虽然 不 大，但 因为 很 干净，菜 也 很 好吃，所以 每天 来

zhèr de rén dōu hěn duō.
这儿 的 人 都 很 多。

Nà jiā fànguǎnr bú dà.
★ 那 家 饭馆儿 不 大。(　　　)

**49** Liǎng nián qián gāng lái Zhōngguó de shíhou, wǒ yí jù Hànyǔ yě bú huì shuō. dànshì xiànzài,
两 年 前 刚 来 中国　的 时候，我 一 句 汉语 也 不 会 说。但是 现在，

shuō Hànyǔ duì wǒ lái shuō yǐjīng bú shì wèntí le.
说 汉语 对 我 来 说 已经 不 是 问题 了。

Tā xiànzài bú huì shuō Hànyǔ.
★ 他 现在 不 会 说 汉语。(　　　)

**50** Měi ge xīngqīliù xiàwǔ wǒ dōu huì hé péngyoumen qù tī zúqiú, dàn yīnwèi shàng ge xīngqīliù
每 个 星期六 下午 我 都 会 和　朋友们　去 踢 足球，但 因为　上　个 星期六

wǒ māma guò shēngrì, suǒyǐ jiù méi qù.
我 妈妈 过 生日，所以 就 没 去。

Tā shàng ge xīngqīliù méi qù tīqiú
★ 他　上　个 星期六 没 去 踢球。(　　　)

# 第 四 部 分

## 第 51-55 题

Shénme shì ràng nǐ zhème gāoxìng?
A 什么 事 让 你 这么 高兴？

Wǒmen jiā lóuxià nàge fàndiàn.
B 我们 家 楼下 那个 饭店。

Nǐ zài zhège xuéxiào xuéxí ma?
C 你 在 这个 学校 学习 吗？

Yǐjīng hǎo duō le, míngtiān jiù néng qù shàngkè le.
D 已经 好 多 了，明天 就 能 去 上课 了。

Tā zài nǎr ne? nǐ kànjiàn tā le ma?
E 他 在 哪儿 呢？你 看见 他 了 吗？

Wǒ zhīdào zhè jù huà shì shénme yìsi le, xièxie nǐ!
F 我 知道 这 句 话 是 什么 意思 了，谢谢 你！

Tā hái zài jiàoshì lǐ xuéxí.
例 他 还 在 教室 里 学习。

E

Xiǎo Wáng, nǐ de shēntǐ zěnmeyàng le?
51 小王，你的身体怎么样了？

Wǒ míngtiān jiù yào huíguó le, hěn cháng shíjiān méi jiàn wǒ de jiārén le.
52 我明天就要回国了，很长时间没见我的家人了。

Bú shì wǒ lái zhèr zhǎo wǒ mèimei.
53 不是，我来这儿找我妹妹。

Bú kèqì. háiyǒu bù dǒngde ma?
54 不客气。还有不懂的吗？

Bāozi zhēn hǎochī! Nǐ zài nǎr mǎi de?
55 包子真好吃！你在哪儿买的？

第 56-60 题

Fúwùyuán, lái yì wǎn niúròumiàn.
A 服务员，来一碗牛肉面。

Jīdàntāng hǎo le, kěyǐ chīfàn le ma?
B 鸡蛋汤好了，可以吃饭了吗？

Bù zhīdào. Wǒ měicì dōu shì xiàwǔ qù.
C 不知道。我每次都是下午去。

Nǐ tóngwū zěnme méi hé nǐ yìqǐ lái?
D 你同屋怎么没和你一起来？

Xiǎoqū huánjìng búcuò, wǒ hěn xǐhuan.
E 小区环境不错，我很喜欢。

Xuéxiào de tǐyùguǎn zǎoshang jǐ diǎn kāimén?
56 学校的体育馆早上几点开门？

Nǐ zuótiān qù kàn de nà tào fángzi zěnmeyàng?
57 你昨天去看的那套房子怎么样？

Děng yíxià, mǐfàn hái méi hǎo.
58 等一下，米饭还没好。

Hǎode. Nín hái yào biéde ma?
59 好的。您还要别的吗？

Wǒ chūlai de shíhou tā hái méi qǐchuáng ne.
60 我出来的时候她还没起床呢。

# 词语表
## Vocabulary

## Lesson 1　我想吃包子。I want to eat some baozi.

### 第一部分　Part I

| | | |
|---|---|---|
| 中午 | zhōngwǔ | noon |
| 吃 | chī | to eat |
| 餐厅 | cāntīng | cafeteria |
| 包子 | bāozi | baozi |
| 还是 | háishi | or |
| 米饭 | mǐfàn | rice |
| 碗 | wǎn | bowl |
| 带 | dài | with |
| 肉 | ròu | meat |

| | | |
|---|---|---|
| 菜 | cài | vegetable |
| 喝 | hē | to drink |
| 鸡蛋 | jīdàn | egg |
| 汤 | tāng | soup |
| 师傅 | shīfu | waiter / waitress |

### 专有名词

| | | |
|---|---|---|
| 鱼香肉丝 | yúxiāng ròusī | fish flavored shredded pork |

### 第二部分　Part II

| | | |
|---|---|---|
| 饺子 | jiǎozi | dumpling |
| 面条 | miàntiáo | noodle |
| 经常 | jīngcháng | often |
| 为什么 | wèi shénme | why |
| 会 | huì | can |
| 用 | yòng | to use |
| 筷子 | kuàizi | chopsticks |
| 啊 | a | (a sentence-final particle of exclamation, interrogation, etc.) |

| | | |
|---|---|---|
| 觉得 | juéde | to feel, to think |
| 太……了 | tài ... le | too |
| 难 | nán | difficult |
| 教 | jiāo | to teach |
| 晚上 | wǎnshang | evening |
| 俩 | liǎ | two |

## Lesson 2　我换人民币。I want to exchange some Chinese currencies.

### 第一部分　Part I

| | | |
|---|---|---|
| 换 | huàn | to exchange |
| 人民币 | rénmínbì | RMB |
| 美元 | měiyuán | US dollar |
| 汇率 | huìlǜ | exchange rate |
| 元 | yuán | Chinese yuan |
| 把 | bǎ | structure (see grammar) |

| | | |
|---|---|---|
| 护照 | hùzhào | passport |
| 签字 | qiānzì | to sign |
| 千 | qiān | thousand |
| 数 | shǔ | to count |
| 等 | děng | to wait |
| 一下 | yíxià | in a short while |

| | | |
|---|---|---|
| 先生 | xiānsheng | Sir, Mr. |
| 取 | qǔ | to withdraw |
| 办理 | bànlǐ | to receive the service |
| 银行 | yínháng | bank |
| 卡 | kǎ | card |
| 自动取款机 | zìdòng qǔkuǎnjī | ATM machine |

| | | |
|---|---|---|
| 日元 | rìyuán | Japanese yen |
| 柜台 | guìtái | counter |
| 万 | wàn | ten thousand |
| 输入 | shūrù | to type in |
| 密码 | mìmǎ | password |
| 好了 | hǎo le | it is done |

## Lesson 3  我想租一套带厨房的房子。 I want to rent a house with a kitchen.

### 第一部分  Part I

| | | |
|---|---|---|
| 附近 | fùjìn | nearby |
| 租 | zū | to rent |
| 套 | tào | (measure word for apartment) |
| 房子 | fángzi | house |
| 厨房 | chúfáng | kitchen |
| 自己 | zìjǐ | oneself |
| 学 | xué | to learn, to study |
| 什么样 | shénmeyàng | what kind of |

| | | |
|---|---|---|
| 卧室（室） | wòshì (shì) | bedroom |
| 客厅（厅） | kètīng (tīng) | living room |
| 卫生间（卫） | wèishēng jiān (wèi) | bathroom |
| 空调 | kōngtiáo | air-conditioner |
| 电视 | diànshì | television |
| 冰箱 | bīngxiāng | refrigerator |
| 洗衣机 | xǐyījī | washing machine |

### 第二部分  Part II

| | | |
|---|---|---|
| 昨天 | zuótiān | yesterday |
| 看 | kàn | to look |
| 怎么样 | zěnmeyàng | how |
| 房租 | fángzū | rent |
| 贵 | guì | expensive |
| 小区 | xiǎoqū | community |
| 环境 | huánjìng | environment |

| | | |
|---|---|---|
| 东边 | dōngbian | east side |
| 公园 | gōngyuán | park |
| 南边 | nánbian | south side |
| 体育馆 | tǐyùguǎn | gym |
| 里边 | lǐbian | inside |
| 旁边 | pángbiān | next to |
| 考虑 | kǎolǜ | to consider |

## Lesson 4　我有点儿不舒服。I am not feeling well.

### 第一部分　Part I

| | | | | | | |
|---|---|---|---|---|---|---|
| 舒服 | shūfu | comfortable | 药 | yào | medicine |
| 头 | tóu | head | 陪 | péi | to accompany |
| 疼 | téng | ache | 不用 | bú yòng | no need to |
| 感冒 | gǎnmào | to have a cold | 睡觉 | shuìjiào | to sleep |
| 可能 | kěnéng | probably | 帮 | bāng | to help |
| 游泳 | yóuyǒng | to swim | 请假 | qǐngjià | to ask for leave |
| 水 | shuǐ | water | 好好儿 | hǎohāor | be well |
| 凉 | liáng | cool | 休息 | xiūxi | to rest |

### 第二部分　Part II

| | | | | | | |
|---|---|---|---|---|---|---|
| 嗓子 | sǎngzi | throat | 打针 | dǎzhēn | to have an injection |
| 发烧 / 烧 | fāshāo / shāo | to have a fever | 行 | xíng | ok |
| 体温表 | tǐwēnbiǎo | thermometer | 西药 | xīyào | western medicine |
| 度 | dù | degree | 中药 | zhōngyào | Chinese medicine |
| 病 | bìng | sickness | 药方 | yàofāng | prescription |
| 严重 | yánzhòng | severe | 药房 | yàofáng | pharmacy |
| 需要 | xūyào | need to | 层 | céng | (measure word for floor) |

## Lesson 5　你想剪什么样的？What kind of style do you want?

### 第一部分　Part I

| | | | | | | |
|---|---|---|---|---|---|---|
| 欢迎 | huānyíng | welcome | 后边 | hòubian | back |
| 光临 | guānglín | welcome (to this place) | 还是（2） | háishi | still |
| 请进 | qǐng jìn | please come in | 长 | cháng | long |
| 理发 | lǐfà | to have a haircut | 再 | zài | again |
| 坐（2） | zuò | to sit | 这边 | zhèbiān | here |
| 剪 | jiǎn | to cut | 洗 | xǐ | to wash |
| 前边 | qiánbian | front | 吹 | chuī | to blow |
| 短 | duǎn | short | 干 | gān | dry |
| | | | 支付 | zhīfù | to pay |

| 染发 | rǎnfà | to dye one's hair |
| 头发 | tóufà | hair |
| 黄 | huáng | yellow |
| 跟 | gēn | as |
| 一样 | yíyàng | the same |
| 文化 | wénhuà | culture |
| 但是 | dànshì | but |
| 眼睛 | yǎnjing | eye |

| 鼻子 | bízi | nose |
| 整容 | zhěngróng | to have plastic surgery |
| 别 | bié | don't |
| 开玩笑 | kāi wánxiào | to joke |
| 水平 | shuǐpíng | level |
| 高 | gāo | high |
| 容易 | róngyì | easy |

## Lesson 6 你汉语说得很流利。You speak Chinese fluently.

### 第一部分 Part I

| 得 | de | (a structural particle) |
| 说 | shuō | to speak |
| 发音 | fāyīn | pronunciation |
| 声调 | shēngdiào | tone |
| 流利 | liúlì | fluent |
| 准 | zhǔn | accurate |
| 哪里 | nǎli | you flatter me / you are too kind (a polite response to compliments) |
| 这么 | zhème | so (to express degree) |

| 口语 | kǒuyǔ | spoken language |
| 非常 | fēicháng | very |
| 差 | chà | poor, bad |
| 聊天 | liáotiān | to chat |
| 介绍 | jièshào | to introduce |
| 以后 | yǐhòu | later |
| 咱们 | zánmen | we |
| 练习 | liànxí | to practice |
| 没问题 | méiwèntí | no problem |

### 第二部分 Part II

| 举行 | jǔxíng | to hold |
| 演讲 | yǎnjiǎng | speech |
| 比赛 | bǐsài | competition |
| 听说 | tīngshuō | (sb.) heard |
| 报名 | bàomíng | to sign up |
| 不如 | bùrú | not as good as |
| 比 | bǐ | than |
| 总是 | zǒngshì | always |

| 一边……一边…… | yìbiān ... yìbiān ... | (doing two actions at the same time) |
| 特别 | tèbié | especially |
| 慢 | màn | slow |
| 参加 | cānjiā | to participate |
| 机会 | jīhuì | opportunity |
| 应该 | yīnggāi | should |

## Lesson 7  你看见我的词典了没有？ Have you seen my dictionary?

### 第一部分  Part I

| | | |
|---|---|---|
| 看见 | kànjiàn | to see |
| 词典 | cídiǎn | dictionary |
| 找 | zhǎo | to look for something |
| 干 | gàn | to do |
| 查 | chá | to look up |
| 词 | cí | word |
| 生词 | shēngcí | new word |
| 表 | biǎo | list |

| | | |
|---|---|---|
| 哦 | ò | (interjectory particle) |
| 矿泉水 | kuàngquán shuǐ | mineral water |
| 意思 | yìsi | meaning |
| 刚才 | gāngcái | just now |
| 完 | wán | finished |
| 念 | niàn | to read |

### 第二部分  Part II

| | | |
|---|---|---|
| 节目 | jiémù | TV show |
| 马上 | mǎshàng | right away |
| 就要 | jiù yào | about to |
| 开始 | kāishǐ | to begin |
| 打开 | dǎkāi | to open, to turn on |
| 冷 | lěng | cold |
| 门 | mén | door |

| | | |
|---|---|---|
| 关 | guān | to close |
| 那 | nà | that |
| 句 | jù | (measure word for sentences) |
| 话 | huà | sentences |
| 听 | tīng | to listen |
| 懂 | dǒng | to understand |
| 下次 | xiàcì | next time |

## Lesson 8  比赛还有半个小时才开始呢。 The game won't start in half an hour.

### 第一部分  Part I

| | | |
|---|---|---|
| 路上 | lùshang | on the way |
| 堵车 | dǔchē | traffic jam |
| 晚 | wǎn | late |
| 时间 | shíjiān | time |
| 分钟 | fēnzhōng | minute |
| 平时 | píngshí | in normal times |
| 才 | cái | later than expected |
| 咖啡馆 | kāfēiguǎn | coffee shop |
| 咖啡 | kāfēi | coffee |

| | | |
|---|---|---|
| 饿 | è | hungry |
| 顺便 | shùnbiàn | at one's convenience |
| 杯 | bēi | cup |
| 可乐 | kělè | cola |

### 专有名词

| | | |
|---|---|---|
| 麦当劳 | Màidāngláo | McDonald's |

| | | |
|---|---|---|
| 场 | chǎng | (measure word) |
| 精彩 | jīngcǎi | wonderful, brilliant |
| 队 | duì | team |
| 终于 | zhōngyú | finally |
| 赢 | yíng | to win |
| 祝贺 | zhùhè | to congratulate |
| 足球 | zúqiú | soccer |
| 踢 | tī | to kick |

| | | |
|---|---|---|
| 真 | zhēn | really |
| 棒 | bàng | awesome |
| 过奖 | guòjiǎng | overpraise |
| 好几 | hǎo jǐ | quite a few |
| 从小 | cóngxiǎo | since a young age |
| 爱 | ài | love |
| 不过 | búguò | but |
| 去年 | qùnián | last year |
| 操场 | cāochǎng | playground |

## Lesson 9　我最近越来越想家了。Recently I miss home more and more.

### 第一部分 Part I

| | | |
|---|---|---|
| 楼上 | lóushàng | upstairs |
| 下去 | xiàqu | to go down away from the speaker |
| 下来 | xiàlai | to go down towards the speaker |
| 上去 | shàngqu | to go up |
| 安静 | ānjìng | quiet |
| 红 | hóng | red |
| 打电话 | dǎ diànhuà | to make a phone call |
| 时候 | shíhou | when |

| | | |
|---|---|---|
| 哭 | kū | to cry |
| 想家 | xiǎngjiā | homesick |
| 越来越…… | yuèláiyuè … | more and more |
| 放假 | fàngjià | to have a holiday |
| 飞机 | fēijī | plane |
| 回 | huí | to return |
| 得 | děi | ought to |
| 早 | zǎo | early |
| 订 | dìng | to book |
| 票 | piào | ticket |

### 第二部分 Part II

| | | |
|---|---|---|
| 最近 | zuìjìn | recently |
| 忙 | máng | busy |
| 死 | sǐ | an adverb to express intensity |
| 综合 | zōnghé | comprehensive |
| 听力 | tīnglì | listening |
| 阅读 | yuèdú | reading |
| 历史 | lìshǐ | history |
| 每 | měi | every |
| 节 | jié | (measure word for class) |

| | | |
|---|---|---|
| 除了…… 以外 | chúle … yǐwài | except for |
| 周末 | zhōumò | weekend |
| 比较 | bǐjiào | comparatively |
| 汉字 | hànzì | Chinese character |
| 作业 | zuòyè | homework |
| 写 | xiě | to write |
| 不错 | búcuò | not bad |
| 复习 | fùxí | to review |

## Lesson 1　我想吃包子。I want to eat some baozi.

### 中国人的饮食习惯

中国人的传统饮食习惯是以植物性食材为主。主食是五谷，辅食是蔬菜，外加少量肉食。以热食、熟食为主。在饮食方式上，中国人喜欢大家聚在一起吃饭。主要餐具是筷子。

中国人的饮食习惯也有地域特点，就是"南米北面"，"南甜北咸，东酸西辣"。"南米北面"是指南方人爱吃米饭，北方人爱吃面食，比如：面条、馒头、包子等。"南甜北咸，东酸西辣"是指南方人喜欢吃甜的，北方人喜欢吃咸的，东部地区的人喜欢吃酸的，西部地区的人喜欢吃辣的。

## Lesson 2　我换人民币 I want to exchange some Chinese currencies.

### 银行的职能

在中国的银行里，有的窗口不办理外币业务，一般是有指定的可办理外币的窗口。如果银行卡丢了，要尽快去挂失。挂失时要交挂失费、填办理新卡的单子，一般一个星期以后才能领取新卡，挂失时一定要带着护照去取。现在，很多自动取款机不仅可以查询余额、取款等，还能自助转账和缴费，比如交煤气费、水电费、电话费等。此外，自动取款机还可以提供 24 小时服务。

现在人们用移动银行（也叫手机银行）不论何时何地都能及时交易，节省了 ATM 机和银行窗口排队等候的时间，非常方便。

## Lesson 3　我想租一套带厨房的房子。I want to rent a house with a kitchen.

### 中国人常用的方位描述方式

在中国，北方人习惯用"东南西北"来表示方位，而南方人习惯用"前后左右"来表示方位。比如你第一次来北京，想打听一下去车站怎么走。北京人会说："您一直往北走，到十字路口往西拐，马路北边就是。"而到了南方，同样的方位，南方人会说："您一直往前走，到十字路口往左拐，马路右边就是。"二者的不同在于"前后左右"根据你自己的身体就可以判断了，"东南西北"得根据方位和方向来判断。

这种习惯的不同有很多原因。比如天气，南方常常阴天下雨，不见太阳，而北京晴天居多，东南西北相对来说更容易辨别。也可能和地形有关系。南方山多，房子和街道依山而建，弯曲，不整齐。北方城市里大多没有山，街道也都是方方正正的，不是东西向的，就是南北向的，很容易辨别东南西北方向。

### 在中国医院看病

如果你身体不舒服，需要去医院看病，首先要先使用有效证件挂号，选择门诊，再选择要看病的科室。如果不清楚去哪个科室时，可以向"问诊台"咨询。

中国医院的每个科室的分工是不同的。看不同的病，要去不同的科室。医院里主要的科室有：内科、外科、儿科、妇科、眼科、口腔科、耳鼻喉科等。如果你感冒了，你就去内科看病。如果你的头不小心被碰破了，那你就应该去外科。当你的牙疼得厉害，你应该去口腔科看看。

如果是急性病或意外情况，需要及时处理的，要去急诊。急诊不分科室。

**Lesson 5** 你想剪什么样的？What kind of style do you want?

### 移动支付

科技的不断发展和进步，让我们的生活变得越来越方便了。中国现在的移动支付功能领先于世界，让很多外国人都非常羡慕，因为我们出门可以不用带现金和银行卡，只需要带着手机就可以了。说起移动支付，微信支付和支付宝支付是现在比较主流的两种移动支付方式。

微信和支付宝除了有能够满足支付需求的移动支付功能外，还有其它一些方便用户的功能，有点像信用卡和银行卡，存钱可以得到利息，而且利息是每天计算的，可以随用随取，非常方便。另外，支付宝和微信还可以用于生活缴费，比如缴水费、电费等，让人们的日常生活更加方便。

**Lesson 6** 你汉语说得很流利。You speak Chinese fluently.

### 汉语水平与应用

我们学习汉语的目标是掌握语音、汉字、词汇、语法等汉语知识，锻炼听说读写的技能，培养用汉语进行交际的能力。一般来说，如果掌握 600 个词语，我们可以用汉语完成生活、学习、工作等方面的基本交际任务。如果掌握 1200 个词语，我们可以用汉语就较广泛领域的话题进行谈论，比较流利地与中国人交流。如果掌握 2500 个词语，我们可以阅读汉语报刊杂志，欣赏汉语影视节目，用汉语进行较为完整的演讲。如果掌握 5000 个词语以上，我们可以轻松地理解听到或读到的汉语信息，以口头或书面的形式用汉语流利地表达自己的见解。

**Lesson 7** 你看见我的词典了没有？Have you seen my dictionary?

### 查汉语字典

查字典有几种方法：音序查字法、部首查字法和笔画查字法等。

我们最常用的是音序查字法。音序查字法是指按照汉语拼音字母的顺序来查字的方法，多是在知道字的读音，不知道字形与释义的情况下用此种方法。音序查字法的查字步骤如下：

（1）确定所查字读音的第一个字母，并在字典或词典《汉语拼音音节索引》中找到这个字母。例：国，读音 guó，第一个字母 G。

（2）第一个字母相同，则按第二个字母的音序排列，第一、二两个字母都相同，则按第三个字母的音序排列……如此，找到要查找的那个音节在正文中的页码，再根据标明的页码，在正文中查到所要查的那个字。

（3）如果同一音节的字太多，字典一般按照声调的顺序排列。如 guo 音节有四个声调，guō、guó、guǒ、guò，查找"国"字，就得在二声 guó 所对应的正文页码中查找。

音序查字法也有不足之处。一是很多同学查字典之前，不知道所要查的字的读音；二是不少同学对普通话和字母表不够熟悉。因此，就无法运用音序查字法查字了。这时可以借助其他几种查字法。

## Lesson 8　比赛还有半个小时才开始呢。The game won't start in half an hour.

### 中国功夫

中国功夫，又称中国传统武术。功夫，是中华民族智慧的结晶，是中华传统文化的体现。它讲究刚柔并济，内外兼修，既有刚健雄美的外形，更有典雅深邃的内涵，蕴含着先哲们对生命和宇宙的参悟，是中国劳动人民长期积累起来的宝贵文化遗产。

功夫不仅仅是一种格斗技能，更是一种精神文化。中国武术，上武得道，平天下；中武入喆，安身心；下武精技，防侵害。中国功夫在世界上影响广泛，不仅出现了大量中国功夫题材的中外影视作品，更有少林、太极、咏春拳等中国功夫在全球广泛传扬。

## Lesson 9　我最近越来越想家了。Recently I miss home more and more.

### 学习汉语的方法

要想学好汉语，就要注意课前预习，找出要学习的重点和难点；上课时要认真听老师讲课，积极回答老师的问题；下课以后要及时复习，多复习几遍才不容易忘。

另外，不仅要在课堂上学习汉语，在课下也要把握好学习机会，这样才能更快地提高汉语水平。课下要多跟中国朋友聊天，最好选择一个中国朋友做语伴。这样，当你有问题的时候，可以随时问他。听中文歌或是课文录音，可以很好地锻炼你的听力。你也可以试着去看中国的电视节目或者电影，特别是有字幕的，这样能猜得出来大概的意思。在看电影的过程中，你也可以把不会的生词记录下来，请教老师或者语伴。

学习汉语的方法有很多，无论学习哪一种语言，最重要的就是要多听多说多练习。我们要把老师在课堂上教的内容应用到实际生活中，这样才能更好地掌握汉语。当然最好的方法就是你在中国学习汉语，在一个语言环境中学习这种语言能更快地理解、掌握。

# 第 10 课测验听力文本与参考答案
## Scripts and Answers of the Lesson 10 Test

## 听力文本

### 第一部分

一共 10 个题，每题听两次。

例如：我家有三个人。

我每天坐公共汽车去上班。

现在开始第 1 题：

1. 他每天都去游泳。

2. 你发烧了，要多喝水，多休息。

3. 长时间看手机，对眼睛不好。

4. 到了前面再向右走。

5. 你别睡了，快起床吧。

6. 你们两个谁是哥哥，谁是弟弟？

7. 妈妈给我准备了牛奶和鸡蛋。

8. 她每天都自己一个人吃饭。

9. 对不起，我现在很忙，一会儿我再给你打电话。

10. 蓝色的碗比黄色的碗大。

### 第二部分

一共 10 个题，每题听两次。

例如：男：你喜欢什么运动？

女：我最喜欢踢足球。

现在开始第 11 到 15 题：

11. 男：我不要米饭了，来一碗牛肉面吧。

女：好的，先生，还要喝的吗？

12. 男：坐在椅子上的这个小孩儿是谁？

女：是我啊。那时候我六岁。

13. 女：服务员，你们饭店什么菜最好吃？

男：我们店的鱼香肉丝不错。

14. 男：老师，我的汉字写得怎么样？

女：很不错，写得比上次漂亮多了。

15. 女：桌子上那本词典是你的吗？

男：不是我的，是马克的，上面有他的名字。

现在开始第 16 到 20 题：

16. 女：你怎么了？

男：没事，坐的时间太长了，有点儿累。

17. 男：这药怎么吃？

女：医生说一天吃三次，一次两片。

18. 女：我今天穿这件怎么样？

男：可以，比上次那件红色的好。

19. 女：这是我给妈妈买的，明天是她的生日。

男：你买什么了？

20. 女：你每天早上都跑步吗？

男：是的，医生告诉我要多运动。

### 第三部分

一共 10 个题，每题听两次。

例如：男：小王，这里有几个杯子，哪个是你的？

女：左边那个红色的是我的。

问：小王的杯子是什么颜色的？

现在开始第 21 题：

21. 女：小王怎么还没来，都七点五十了。

男：我已经给他打电话了，他说刚出地铁站，十分钟就到。

问：现在几点了？

22. 男：小姐，这双鞋有大一点儿的吗？

　　女：真对不起，黑色的只有这一双了。

　　问：说话人最可能在哪儿？

23. 男：服务员，我们想再来点儿米饭。

　　女：好的，您要几碗？

　　问：男的向服务员要什么？

24. 女：你住哪儿？离学校远吗？

　　男：离学校很近，从我家走到学校也就 5 分钟。

　　问：从他家到学校要多长时间？

25. 男：您看这套房子怎么样？

　　女：还可以，有没有大一点儿的？

　　问：女的想要什么样的房子？

26. 男：明天晚上咱们一起去看电影吧。

　　女：最近太忙了，不去了。

　　问：女的为什么不去看电影？

27. 女：你是哪年来中国的？

　　男：二零一八年，比你早一年。

　　问：女的是哪年来中国的？

28. 女：这双鞋有点儿贵，但是颜色很不错。

　　男：你喜欢？那就买它吧。

　　问：女的觉得这双鞋怎么样？

29. 女：你打算哪天回国？

　　男：我买的机票是七月八号的。

　　问：男的哪天回国？

30. 男：您弟弟多大了？

　　女：今年十七岁了，他非常喜欢踢足球。

　　问：女的弟弟喜欢什么？

**第四部分**

一共 5 个题，每题听两次。

例如：女：请在这儿写您的名字。

　　男：是这儿吗？

　　女：不是，是这儿。

　　男：好，谢谢。

　　问：男的要写什么？

现在开始第 31 题：

31. 男：你们班有个外国学生？

　　女：是，你怎么知道的？

　　男：听你同屋说的。他会说汉语吗？

　　女：他汉语说得非常好，大家都很喜欢他。

　　问：那个外国学生的汉语怎么样？

32. 男：从今天开始，我晚上不吃饭了。

　　女：为什么？

　　男：我现在都九十公斤了。

　　女：那你要多运动，不吃饭对身体不好。

　　问：女的让男的怎么做？

33. 男：你看这件衣服怎么样？喜不喜欢？

　　女：很漂亮，但是太贵了。

　　男：二百六十八，不贵。

　　女：你再看看，那是两千六百八十，你少说了一个零。

　　问：那件衣服多少钱？

34. 男：前面那个人你认识吗？

　　女：哪个？

　　男：正在和王老师说话的那个。

　　女：她是新来的汉语老师，姓钱，叫钱小月。

　　问：钱小月是做什么的？

35. 女：晚上吃什么？

男：我都可以，你想吃什么？

女：面条儿怎么样？

男：好，那我们就去学校旁边那家
饭店吧。

问：他们晚饭吃什么？

# 参考答案

## 一、听力

### 第一部分

①√  ②√  ③×  ④×  ⑤√

⑥×  ⑦√  ⑧×  ⑨√  ⑩×

### 第二部分

⑪C  ⑫B  ⑬F  ⑭E  ⑮A

⑯E  ⑰D  ⑱B  ⑲C  ⑳A

### 第三部分

㉑B  ㉒A  ㉓C  ㉔B  ㉕C

㉖A  ㉗A  ㉘B  ㉙A  ㉚C

### 第四部分

㉛A  ㉜C  ㉝B  ㉞C  ㉟A

## 二、阅读

### 第一部分

㊱E  ㊲B  ㊳F  ㊴C  ㊵A

### 第二部分

㊶D  ㊷F  ㊸B  ㊹A  ㊺C

### 第三部分

㊻×  ㊼×  ㊽√  ㊾×  ㊿√

### 第四部分

51 D  52 A  53 C  54 F  55 B

56 C  57 E  58 B  59 A  60 D

## 郑重声明

高等教育出版社依法对本书享有专有出版权。任何未经许可的复制、销售行为均违反《中华人民共和国著作权法》，其行为人将承担相应的民事责任和行政责任；构成犯罪的，将被依法追究刑事责任。为了维护市场秩序，保护读者的合法权益，避免读者误用盗版书造成不良后果，我社将配合行政执法部门和司法机关对违法犯罪的单位和个人进行严厉打击。社会各界人士如发现上述侵权行为，希望及时举报，我社将奖励举报有功人员。

反盗版举报电话　（010）58581999　58582371
反盗版举报邮箱　dd@hep.com.cn
通信地址　北京市西城区德外大街4号　高等教育出版社法律事务部
邮政编码　100120

读者意见反馈

为收集对教材的意见建议，进一步完善教材编写并做好服务工作，读者可将对本教材的意见建议通过如下渠道反馈至我社。

咨询电话　400-810-0598
反馈邮箱　wy_dzyj@pub.hep.cn
通信地址　北京市朝阳区惠新东街4号富盛大厦1座
　　　　　高等教育出版社总编辑办公室
邮政编码　100029